ÉCONOMIE MINUTE

BOARD OF TRADE MARKETS
RYE
BARLEY
FLAX
BARLEY
CLEAR BELLIES
LARD
RYE
WHEAT
CORN
OATS

ÉCONOMIE MINUTE

200 CONCEPTS CLÉS EXPLIQUÉS EN UN INSTANT

NIALL KISHTAINY

Éditions **CONTRE-DIRES**
19, rue Saint-Séverin
75005 Paris

Sommaire

Introduction

Pour quelles raisons certaines sociétés humaines sont-elles plus riches que d'autres ? Pour quelles raisons des banques s'effondrent-elles ? Quel devrait être le taux maximal d'un impôt ? Autant de questions auxquelles les économistes tentent de répondre sans parvenir souvent, d'ailleurs, à se mettre d'accord. Aux yeux du profane, l'économie peut revêtir les apparences d'une langue obscure faite d'un jargon et de mathématiques compliquées. Par ailleurs, l'actualité économique peut avoir quelque chose de déconcertant lorsque le cours des actions grimpe en flèche puis s'écroule et que toute la machine économique, de crise en crise, fait des embardées. En fait, derrière la terminologie utilisée par les spécialistes, les sciences économiques dans leur ensemble se résument à quelques principes relativement simples. L'ambition de ce livre est de vous donner un avant-goût des théories qui expliquent le fonctionnement de l'économie et la façon dont celle-ci devrait être appliquée.

Mais qu'est-ce donc en réalité que l'économie ? Les Grecs de l'Antiquité connaissaient déjà cette notion qui trouve son origine dans le mot *oikonomia,* qu'on peut traduire par « gestion du foyer ». Aujourd'hui, l'économie englobe bien plus que cela même si les foyers et les individus ont toujours constitué sa base. Les gens décident de ce qu'ils achètent avec leurs revenus et du temps qu'ils consacrent à leur travail. Ce faisant, ils sont confrontés à une réalité économique fondamentale : des ressources telles que la nourriture, l'électricité ou le temps sont limitées et demandent des choix. Que consommer ? Que produire ? Ce sont les gens qui font ces choix, par conséquent l'étude du comportement humain représente un point central de l'économie : qu'est-ce qui fait qu'un consommateur achète un nouvel ordinateur, qu'un entrepreneur construit une usine et qu'un travailleur accepte un emploi dans une ville éloignée de son domicile ?

La plupart des économistes considèrent leur discipline comme une science ; ils tentent de dégager des lois générales qui président aux phénomènes économiques, tels que les tendances du chômage, tout comme les physiciens cherchent des lois afin d'expliquer l'accélération d'une fusée. Cela dit, la recherche des lois du comportement humain s'avère beaucoup plus ardue que l'explication d'un vol balistique. Pour cette raison, les économistes sont souvent en désaccord les uns avec les autres, par exemple lorsqu'il s'agit de déterminer si un gouvernement devrait dépenser plus afin de sortir l'économie de la récession, ou encore les niveaux auxquels la dette publique restera tolérable. Ce livre démystifie le vocabulaire difficile employé au cours de tels débats et ramène les concepts économiques à des explications accessibles qui, nous l'espérons, faciliteront la compréhension des idées-clefs de l'économie.

L'*Homo œconomicus* et la raison

L'économie est fondamentalement une théorie du comportement humain. Les économistes considèrent les gens comme des êtres rationnels qui réagissent de manière cohérente et logique à des variables économiques telles que les prix, les taux d'intérêt et même certaines données comme le climat, qui peut affecter l'économie. Tout cela revient à dire que les gens prennent des décisions de façon à maximiser leurs avantages économiques : ils achèteront toujours la voiture ou le vêtement qui correspond exactement à leurs préférences, et cela au prix le plus bas possible.

La rationalité appliquée à l'économie suppose la capacité de recueillir et d'évaluer des informations, par exemple les prix et les caractéristiques de biens différents, et ainsi de prendre sans difficulté la décision la plus appropriée. En réalité, loin d'être des machines froides, rationnelles, les gens ont souvent un comportement fantasque, fonctionnent à l'affectif et, dans le meilleur des cas, prennent des décisions économiques « suffisamment bonnes » ou fondées sur des règles générales plausibles plutôt que sur des calculs minutieux. Néanmoins, les économistes considèrent la raison comme une simplification utile et fondent sur elle un grand nombre de leurs théories.

La rareté

Les ressources sont disponibles en quantités limitées : quel que soit l'instant T considéré, on trouvera une certaine quantité de blé, de charbon ou de ciment, et pas davantage. Il existe une myriade de manières d'utiliser des ressources : le ciment peut servir à la construction de nouvelles maisons ou à la rénovation d'usines. On peut transformer le blé en aliments variés que des personnes différentes consommeront. Vivre dans des maisons neuves, travailler dans des usines mieux conçues et recevoir une meilleure alimentation sont de bonnes choses mais, parce que les ressources sont limitées, nous ne pouvons pas toutes les avoir. La manière dont nous les choisissons est une question fondamentale en économie.

Les économistes abordent ce problème en termes de compromis : des options en concurrence les unes avec les autres ont chacune des coûts et des bénéfices, mais la meilleure d'entre elles sera celle qui présentera plus de bénéfices globaux que de coûts. L'analyse des compromis inhérents à la répartition de ressources limitées représente l'essence de l'économie moderne. L'économiste britannique Lionel Robbins l'a décrite comme « la science qui étudie le comportement humain en tant que rapport entre des fins à atteindre et des moyens limités dont on peut faire un usage différent ». Les économistes en viennent à penser que le marché est un moyen puissant de choisir entre ces différentes utilisations.

AEON

L'utilité

Une pétition de principe de l'économie est l'existence, dans le comportement humain, d'une logique sous-jacente : que ce soit pour acheter de la nourriture ou choisir une façon de faire des économies, toutes les décisions prises ont pour but de maximiser « l'utilité ». Si je préfère les fraises aux bananes, il sera possible d'affirmer que les fraises ont pour moi plus d'utilité que les bananes. Cela pourrait s'exprimer par une échelle où les fraises atteindraient une valeur utile de quatre alors que les bananes n'auraient qu'une valeur de deux. La maximisation de l'utilité est le seul but de l'*Homo œconomicus* rationnel, et s'il est exact que l'économie est souvent considérée comme l'étude de l'argent, on a seulement besoin de celui-ci pour faire des achats, mais le moteur du comportement, c'est l'utilité générée.

L'utilité est une notion subjective : les fraises contribuent à mon bien-être mais diminuent celui de quelqu'un qui ne les aime pas. Des théories initiales voyaient l'utilité comme une quantification, un peu comme l'argent : une personne avec une utilité de quatre était en principe deux fois plus heureuse qu'une personne avec une utilité de deux. Mais parce qu'il est impossible d'observer directement cela, les économistes pensent à présent en termes de gradation : nous pouvons dire que quelqu'un retire plus d'utilité des fraises que des bananes parce que nous voyons son choix ; néanmoins, nous ne pouvons pas vraiment mesurer quelle quantité d'utilité absolue les fraises représenteront à ses yeux.

Les préférences

Pour l'économie, le bien-être représente le degré de satisfaction qu'atteignent les préférences d'une personne (son attirance pour une chose plutôt que pour une autre). Mais parce que les ressources existent en quantités limitées, il se trouve un point d'arrêt au-delà duquel les préférences des gens ne peuvent plus vraiment être satisfaites. Les individus font l'expérience de cette limite lorsqu'ils se retrouvent face à une « contrainte budgétaire »: dans ce cas, ils ne peuvent assouvir leurs désirs qu'en fonction des sommes d'argent dont ils disposent pour acheter des biens. Ainsi, ils maximisent leur utilité ou bien-être.

Bien sûr, il est difficile d'observer toute la gamme de désirs éprouvés par une personne; c'est la raison pour laquelle les économistes ont tendance à penser en termes de ce qu'ils appellent « la préférence révélée »: si nous voyons une femme dépenser son argent pour un jeans alors qu'elle aurait pu acheter une jupe, nous en déduisons qu'elle préfère les jeans aux jupes. À partir de cela, l'économie tente d'expliquer comment les individus réagissent à un resserrement ou à un élargissement de leur budget dû à des modifications des prix et des revenus.

Jeans
Jupe
Robe

Le coût d'opportunité

Un raisonnement familier veut que les coûts engagés par des études supérieures consistent en frais d'inscription plus les dépenses relatives à l'achat de nourriture, au règlement du loyer, etc. Au lieu de cela, les économistes préfèrent considérer le coût réel d'un choix comme le renoncement à une autre option. Dans l'exemple que nous venons de voir, le coût d'opportunité que représentent des études universitaires, c'est l'obtention d'un emploi. Le coût le plus élevé relatif à l'université sera selon toute vraisemblance l'argent d'un salaire qui aurait pu être gagné, mais un certain nombre de dépenses directes engagées par un étudiant (nourriture, loyer) devraient quand même être payées par du temps de travail rémunéré et pourraient même s'avérer encore plus lourdes.

Le concept de coût d'opportunité sert à déterminer si des ressources sont utilisées ou non avec intelligence. Supposons qu'une entreprise mène ses activités depuis un immeuble situé en centre-ville et dont elle serait propriétaire. Il est possible qu'elle ne paie pas de loyer pour ses bureaux mais, simultanément, il se peut qu'elle se prive d'une rentrée d'argent substantielle qu'elle pourrait générer en louant à bail sa surface du centre-ville, après avoir relocalisé son personnel dans un immeuble moins cher, en banlieue.

Les substituts et les compléments

Différentes sortes de barres chocolatées peuvent illustrer ce que les économistes appellent des « substituts »: ceux-ci assouvissent le même besoin fondamental, si bien qu'en cas d'augmentation du prix d'une barre, les gens achèteront moins cette barre et davantage une autre marque. Par contraste, certains biens sont consommés de manière conjointe, par exemple les CD et les lecteurs de CD. Si le prix des CD venait à augmenter, la demande en lecteurs de CD diminuerait. Les économistes appellent les biens de ce type des « compléments ».

Il est évident que beaucoup de biens n'entretiennent aucun rapport les uns avec les autres, c'est-à-dire que lorsque le prix de l'un d'eux change, cela n'affecte pas la demande pour l'autre, (par exemple le thon et les jeux vidéo). Les biens peuvent avoir des degrés variables de substituabilité et de complémentarité. Par exemple, deux marques de jus d'orange peuvent se substituer l'une à l'autre, mais il n'en va pas tout à fait de même pour le beurre et la margarine. Les autorités de concurrence prennent en considération la substituabilité lorsqu'elles déterminent dans quelle mesure une compagnie monopolise ou non un marché: une firme qui contrôlerait le marché du beurre ne pourrait pas autant faire grimper les prix si les consommateurs avaient la possibilité de passer à la margarine.

Biens de substitution

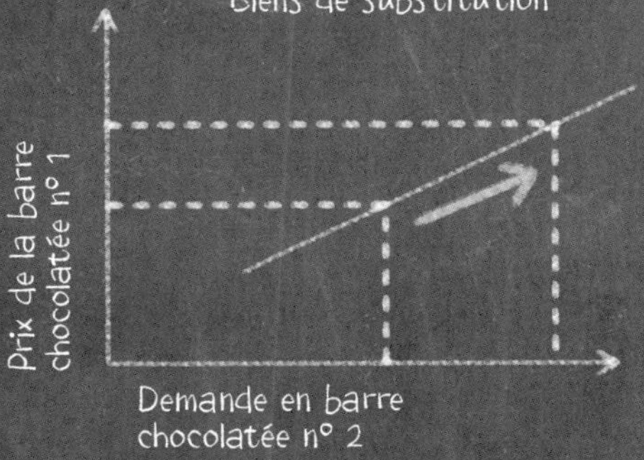

Biens complémentaires

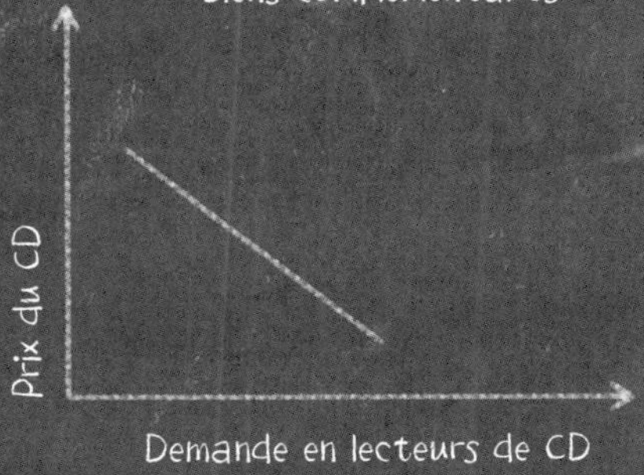

Les biens normaux et les biens inférieurs

Supposons que vous receviez une augmentation. Comme vous vous sentez plus riche, votre consommation de bière favorite s'accroît. Dans cette situation, la bière est ce qu'on appelle un « bien normal »: plus votre salaire sera important, plus vous en boirez; s'il venait à baisser, votre consommation diminuerait.

Mais, à présent que vous êtes plus riche, vous buvez également moins de cette marque de cidre bon marché dont vous aviez l'habitude jusqu'ici. Dans ce cas, le cidre est un bien inférieur: vous en consommez moins car votre revenu augmente et davantage si votre revenu n'est pas aussi élevé. Des biens de luxe comme le caviar et les voitures de sport peuvent être considérés comme un type particulier de biens normaux dont la consommation augmente dans des proportions supérieures au revenu lorsque celui-ci s'accroît.

Évidemment, un bien peut être parfois normal et parfois inférieur, en fonction du niveau de vie du consommateur. Si j'ai une augmentation, je peux boire davantage de bière, mais si alors je gagne à la loterie, je peux complètement laisser tomber la bière pour ne plus boire que du champagne.

Le revenu et les effets de substitution

Imaginons un étudiant qui ne dépenserait son argent qu'en chips et en soda. À la suite d'une récolte de pommes de terre exceptionnelle, le prix des chips dégringole. Cela va affecter de deux façons les dépenses de notre étudiant. Tout d'abord, le prix du soda, en valeur de chips, a augmenté : pour chaque canette que l'étudiant va acheter, il va devoir renoncer à plus de chips qu'auparavant. Il achètera moins de soda mais plus de paquets de chips. C'est ce que les économistes appellent « l'effet de substitution ». Ensuite, parce que les chips sont moins chères, le pouvoir d'achat de l'étudiant s'est accru ; d'un certain point de vue, son revenu est plus important. Il se peut alors qu'il décide d'acheter à la fois plus de chips et plus de soda. On appelle cela « l'effet de revenu ».

Les économistes décomposent en de tels effets les changements dans la demande consécutifs aux changements de coûts. L'impact global sur la consommation de chips de notre étudiant est clair : les effets de revenu et de substitution tendent à le faire acheter plus. Mais l'impact sur sa consommation de soda est ambigu : l'effet de substitution signifie qu'il achète moins, mais l'effet de revenu fait qu'il achète davantage.

Le surplus du consommateur

Lorsqu'une femme fait ses achats, elle visualise parfaitement l'armoire idéale pour sa chambre à coucher. Elle est prête à mettre jusqu'à 300 € pour en faire l'acquisition, mais celle-ci ne coûte que 120 €. Il en résulte que cette femme bénéficie d'un surplus de consommateur de 180 €, c'est-à-dire la différence entre ce qu'elle serait disposée à payer et ce qu'elle paie concrètement.

À des prix très élevés, seules quelques armoires seraient vendues à ceux faisant montre d'un consentement à payer très empressé. Pour 120 €, ces personnes dégageraient un surplus important, mais si un total de cinq cents armoires vendues fait l'objet d'un classement basé sur le surplus, la cinq centième sera vendue à quelqu'un qui aura accepté de payer exactement 120 €, car si on en vendait plus, leur prix serait moins élevé, ce qui créerait un consentement à payer inférieur à 120 €. L'addition de ce surplus, pour chaque acheteur, nous donne le surplus global pour le marché des armoires. Les spécialistes pensent que cela entretient le bien-être économique: lorsque ce surplus est élevé, les désirs des consommateurs sont comblés.

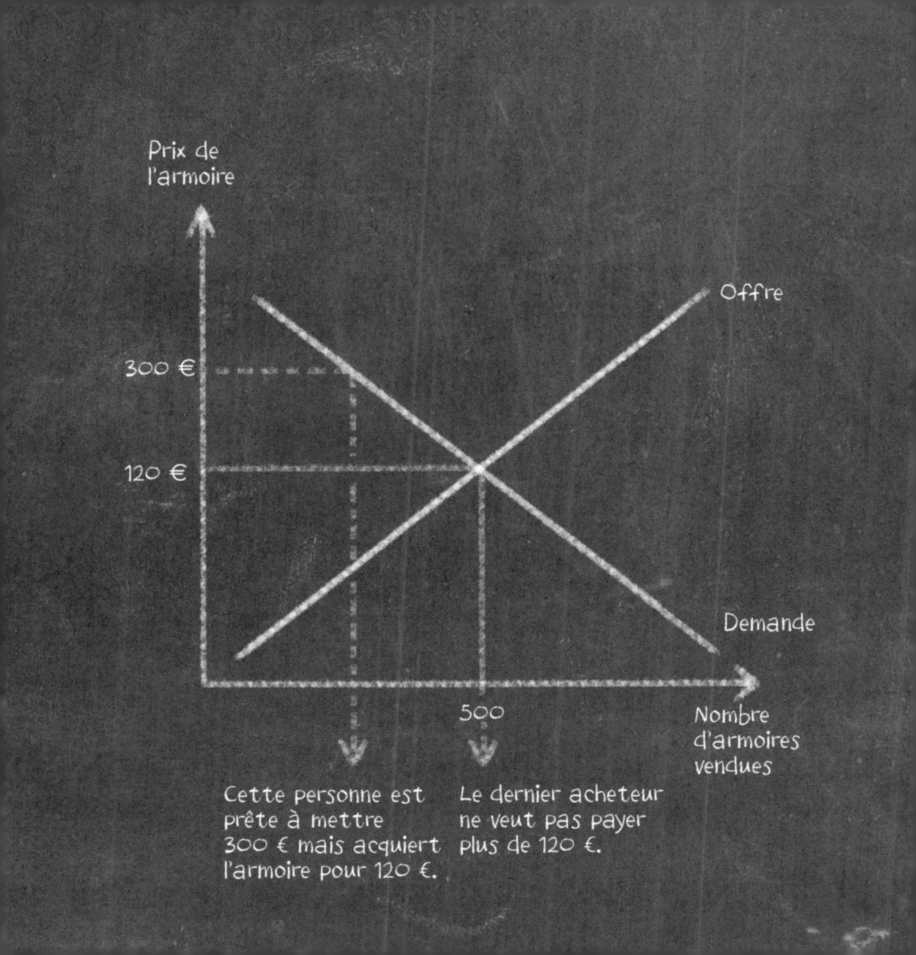
Prix de
l'armoire
Offre
300 €
120 €
Demande
500
Nombre
d'armoires
vendues
Cette personne est
prête à mettre
300 € mais acquiert
l'armoire pour 120 €.
Le dernier acheteur
ne veut pas payer
plus de 120 €.

La loi d'Engel

L'économiste allemand du XIXe siècle Ernst Engel a identifié un schéma de base dans le rapport entre les dépenses consacrées à l'achat de nourriture et le revenu. Sa thèse était que l'augmentation du revenu s'accompagne d'une hausse des dépenses pour la nourriture, mais dans des proportions moindres, ce qui fait que la proportion du revenu consacrée à la nourriture diminue. Quelqu'un qui triplerait son revenu en une nuit ne triplerait probablement pas sa consommation de nourriture, à moins d'avoir d'abord connu la pauvreté.

Cette loi signifie que les personnes qui vivent dans l'indigence dépensent en nourriture une plus grande partie de leurs revenus. (Les familles très pauvres qui vivent dans les pays en voie de développement dépensent souvent la plus grande partie de leurs revenus pour l'acquisition de produits de base.) Faisons la comparaison avec un consommateur vivant dans un pays riche et dont le revenu sert à l'acquisition d'un mélange complexe de biens (logement, voyages, vacances, distractions...) dans lequel la nourriture n'occupera peut-être qu'une place modeste. La loi d'Engel met en évidence la vulnérabilité des plus pauvres face aux augmentations de frais de bouche : si la plus grande partie de leur revenu part en achats de nourriture, ils ne pourront peut-être plus s'alimenter de manière convenable lorsque les prix augmenteront.

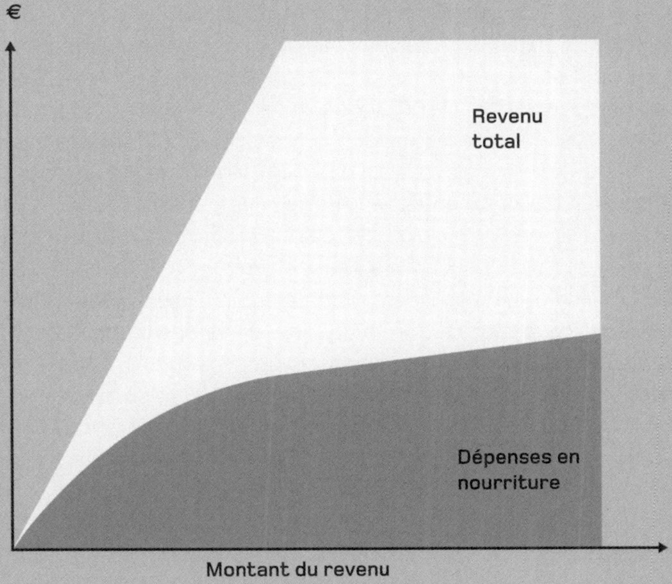
€
Revenu
total
Dépenses en
nourriture
Montant du revenu

Le temps et l'escompte

Les décisions d'ordre économique ne consistent pas seulement à déterminer si nous allons acheter ou pas, mais aussi *à quel moment* nous allons le faire. Si je suis impatient, il se peut que j'emprunte de l'argent pour acheter aujourd'hui même un téléviseur. En revanche, si j'ai un caractère patient, j'attendrai jusqu'à ce que j'aie gagné suffisamment d'argent. Les économistes appellent la gradation de l'impatience chez des individus leur « choix intertemporel ». Bien que certains soient plus patients que d'autres, en règle générale les gens préfèrent disposer d'un téléviseur aujourd'hui plutôt que le mois d'après. On dit alors que les gens prennent des « escomptes » sur l'avenir.

Les gens qui prennent beaucoup d'escomptes réalisent probablement moins d'économies et consomment davantage sur l'instant. Ce phénomène n'est pas sans rapport avec la notion de taux d'intérêt. 100 euros sur un an sont considérés comme ayant moins de valeur que 100 euros sur une journée. Il s'ensuit que si je prête 100 euros à quelqu'un, je demanderai un remboursement supérieur à 100 euros l'année d'après. Si j'attends une recette de 100 euros sur une année, alors j'aurai envie de connaître la « valeur présente » de cette somme. Cela correspondrait à la somme qu'il me faudrait prêter à intérêt aujourd'hui de façon à être remboursé de 100 euros un an après; elle serait donc inférieure à ces 100 euros.

Aujourd'hui
Un an plus tard
100
110

La main-d'œuvre disponible

On peut considérer comme un choix entre la consommation et les loisirs les décisions relatives à la quantité de travail à fournir. Comment une ouvrière réagit-elle à une augmentation de salaire ? On pourrait croire, de manière spontanée, qu'elle travaillerait davantage : une heure de loisir coûte désormais plus cher en termes de salaire perdu et, par conséquent, vis-à-vis de la consommation à laquelle elle doit renoncer. Du coup, elle prend moins de repos et travaille plus.

Mais avec un salaire plus élevé, notre ouvrière est devenue plus riche : elle peut s'offrir un plus grand temps de loisir et, par conséquent, moins travailler. Il est possible que ce second effet l'emporte sur le premier ; dans ce cas, la conséquence globale du salaire plus élevé est que l'ouvrière travaille moins. Ce résultat n'est pas simplement une possibilité théorique : depuis deux siècles, la durée de la semaine ouvrable dans les pays industrialisés décroît alors que les salaires augmentent de façon considérable. Parce qu'ils gagnaient plus, les travailleurs ont utilisé l'accroissement de leurs revenus pour s'offrir davantage de loisirs.

Le paradoxe de l'eau et du diamant

Comment se fait-il qu'un verre d'eau, élément nécessaire à la présence de la vie, n'ait quasiment aucune valeur, alors qu'un diamant, qui ne possède aucune utilité pratique, soit si précieux ? C'est ce qu'on appelle le paradoxe de l'eau et du diamant, dont les philosophes et les économistes discutent depuis très longtemps. Un de ceux qui a peut-être le plus traité cette question était l'économiste écossais du XVIIIe siècle Adam Smith. Il est possible de résoudre ce paradoxe grâce à la notion d'« utilité marginale ».

L'utilité, c'est le plaisir qu'on retire de la consommation d'un bien comme, par exemple, d'un grain de raisin (voir page 12). L'utilité marginale représente le plaisir qu'on éprouve lorsqu'on consomme une unité supplémentaire; si je mange cinq grains de raisin, l'utilité marginale signifie le plaisir supplémentaire que j'éprouve en mangeant le cinquième grain. L'utilité marginale tend à décliner: ce cinquième grain aura pour moi probablement moins d'utilité que le premier. La rareté des diamants fait que leur utilité marginale est très élevée; ils ont donc une très grande valeur. Par contre, la facilité avec laquelle on trouve de l'eau dans la plupart des zones de la planète fait que l'utilité marginale d'une goutte supplémentaire est bien moindre.

L'offre et la demande

Dans un marché libre, le prix d'un bien est déterminé par l'offre et la demande. Le prix de marché du blé se constitue par l'interaction de l'offre en blé fournie par les exploitants agricoles avec la demande en blé venant des minoteries ainsi que des industriels de l'agroalimentaire : quand l'offre est égale à la demande, on dit que le marché se trouve dans un état d'équilibre économique.

Dans un état de ce type, le marché est au repos parce que toutes les minoteries désireuses d'acheter du blé au prix dominant trouvent un exploitant prêt à leur en vendre ; inversement, tous les exploitants désireux de vendre du blé trouvent des minoteries pour leur en acheter. Cependant, il n'est pas rare que les marchés perdent l'équilibre : par exemple, une sécheresse soudaine peut abaisser l'offre en blé au-dessous de la demande, ce qui mène à une pénurie. La force du marché libre réside dans sa capacité à rectifier le tir : parce qu'il y a trop de minotiers qui courent après trop peu de boisseaux de blé, les exploitants peuvent augmenter leurs prix sans perdre au niveau de leurs ventes. Le prix plus élevé étouffe la demande et stimule l'offre jusqu'à ce que le marché ait retrouvé son équilibre.

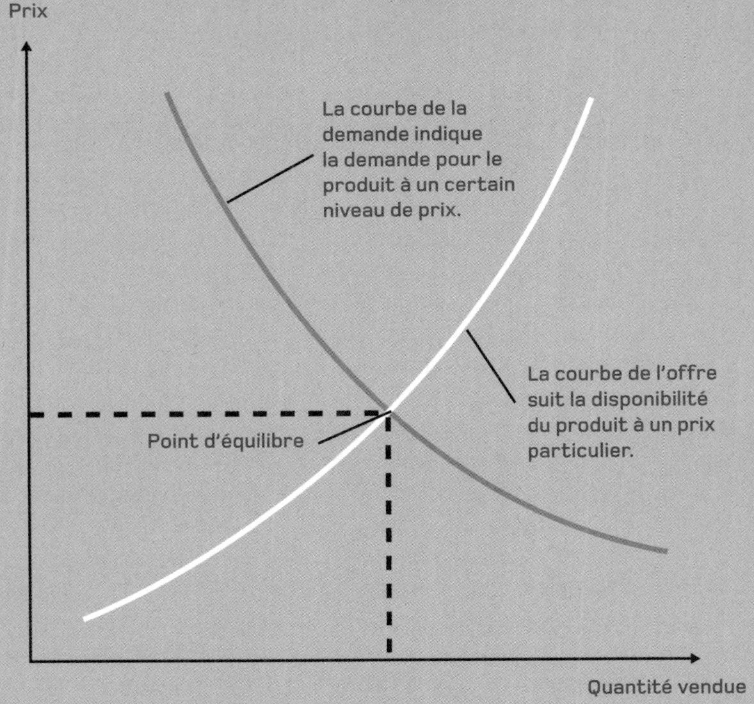
Prix
La courbe de la demande indique la demande pour le produit à un certain niveau de prix.
La courbe de l'offre suit la disponibilité du produit à un prix particulier.
Point d'équilibre
Quantité vendue

La loi de la demande

Une des « lois » de base des sciences économiques veut que lorsque le prix d'un bien augmente, les gens le demandent moins, et lorsqu'il diminue, les gens l'achètent davantage. Bien que ce pronostic soit assez fiable, comme il en va de toute loi énoncée dans l'absolu, certaines affirmations sont parfois invalidées dans la pratique. Par exemple, la salle d'exposition d'un garage dans lequel on casserait les prix des voitures pourrait très bien voir se former des files d'attente jusque sur le trottoir, mais que se passerait-il si les gens n'étaient pas certains de la qualité de ces véhicules ? Des prix plus bas pourraient laisser croire que les voitures en question sont de piètre qualité, ce qui entraînerait une baisse et non une augmentation du nombre d'acquéreurs.

Par ailleurs, d'autres facteurs qui viennent s'ajouter au prix d'un bien peuvent avoir une incidence sur sa demande : les goûts des consommateurs sont susceptibles de changer ou les modifications du prix de succédanés vont affecter la demande. Il existe certains types de biens, tels que les biens consommés dans le but de manifester sa richesse (ce qu'on appelle la consommation ostentatoire, voir page 360), dont la demande va en fait *croître* alors que leurs prix augmentent.

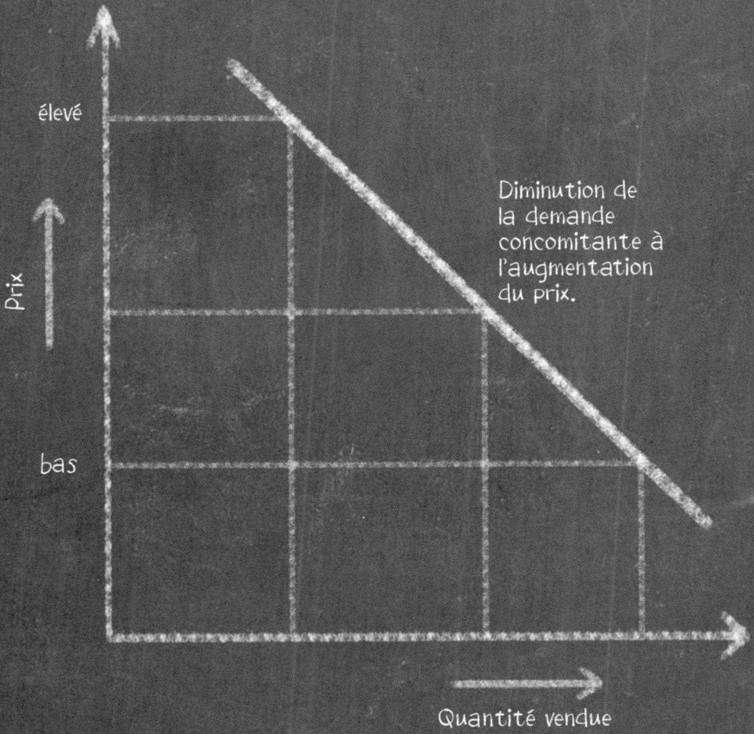
élevé
Prix
bas
Diminution de
la demande
concomitante à
l'augmentation
du prix.
Quantité vendue

L'élasticité de la demande

Les gens réagissent de différentes manières devant les changements de prix de biens différents. Imaginons par exemple une augmentation du prix de la confiture : les consommateurs pourraient alors très bien se rabattre sur la marmelade, ce qui entraînerait une chute assez importante de la demande en confiture. La demande en confiture est donc sensible aux changements de prix ; c'est ce que les économistes appellent la « demande élastique ». Imaginons en revanche un village qui ne serait desservi que par un seul car. Dans cette hypothèse, une augmentation du prix du billet n'affecterait pas nécessairement beaucoup la demande. On dit alors que le déplacement en car est *une offre inélastique à la hausse*.

Les biens indispensables, ou ceux pour lesquels il n'existe pas beaucoup de biens de substitution, ont tendance à être inélastiques tandis que les biens de luxe, ou ceux qu'on peut aisément remplacer, seront plus facilement élastiques. Sur le court terme, la demande a tendance à être inélastique mais, à la longue, les consommateurs peuvent s'adapter aux changements de prix. Dans les années 1970, les pays producteurs de pétrole tentèrent de maintenir élevé le prix du pétrole afin de s'assurer d'importantes rentrées d'argent. Au final, cependant, les consommateurs ont diminué leur demande en pétrole en achetant des voitures plus économiques en carburant.

Les biens de Giffen

Si le prix des ordinateurs portables augmente, on s'attend à ce que les gens veuillent moins en acheter. Cependant, la théorie économique postule aussi qu'une hausse de prix est susceptible d'accroître la demande, et non de la diminuer. Une telle hausse produit deux effets qui peuvent se contredire l'un l'autre : un prix plus élevé incite les consommateurs à effectuer leurs dépenses pour des biens différents, moins coûteux, mais, de plus, la hausse réduit le pouvoir d'achat des consommateurs, ce qui abaisse le revenu réel. Certains biens, comme les ordinateurs portables, ont tendance à être moins achetés lorsque le revenu est à la baisse. Une autre catégorie de biens, connus sous la désignation de « biens inférieurs », sont *davantage* recherchés en cas de diminution du revenu. Les « biens de Giffen » sont des biens inférieurs dotés d'un tel effet de revenu qu'en cas d'augmentation du prix, ils font dans l'ensemble l'objet d'une demande plus forte. Des ménages pauvres qui dépensent la plus grande partie de leur salaire pour l'acquisition d'un bien de première nécessité souffrent d'une baisse sévère de leur revenu réel si le prix de ce bien est à la hausse. Ces ménages peuvent réagir en diminuant leur consommation de biens considérés comme non essentiels, comme la viande ou le sucre, et en dépensant encore plus pour un bien de première nécessité. Certains pensent qu'au cours de la famine irlandaise du XIXe siècle, les pommes de terre furent un bien de Giffen.

Paradoxalement, la demande pour un bien de Giffen s'accroît de concert avec la hausse de son coût dans la mesure où la possibilité qu'ont les consommateurs d'acheter des biens alternatifs se trouve réduite.

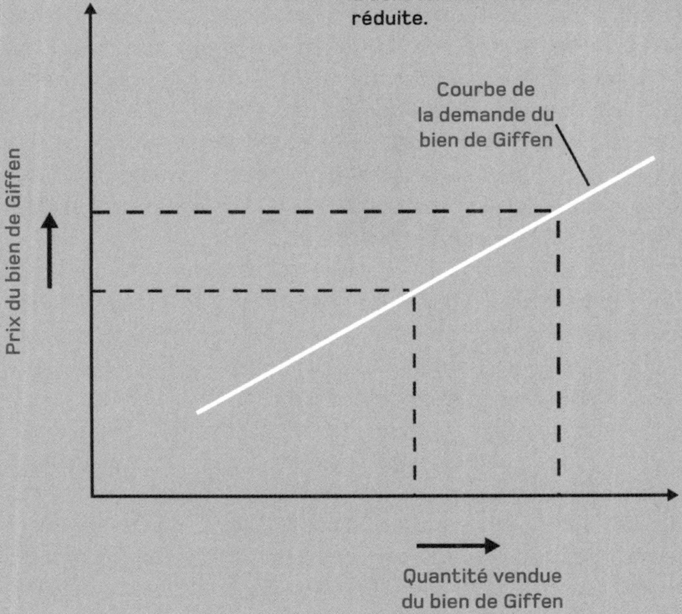

L'équilibre général

Si le prix du pétrole augmente, les consommateurs ont tendance à en demander moins. Il se peut qu'ils se servent moins de leurs voitures et achètent des bicyclettes. Il en résulte que le prix de ces dernières augmente à son tour et que les ressources se portent vers la fabrication de bicyclettes lorsque de nouveaux constructeurs font leur apparition sur le marché. Nous voyons ainsi que des marchés différents sont en réalité interdépendants et qu'un choc survenu dans l'un d'eux peut avoir des répercussions sur tous les autres.

Nous avons souvent tendance à croire que les marchés sont isolés les uns des autres ; nous parlons du prix des voitures qui va aligner l'offre sur la demande. C'est ce que les économistes appellent « l'équilibre partiel ». La théorie de l'équilibre général, quant à elle, envisage la possibilité d'atteindre un état d'équilibre pour l'ensemble de l'économie, et cela en tenant compte des liens que tissent entre eux les marchés. On peut penser que des marchés libres, totalement dépourvus d'entraves, finiraient par créer une pagaille ou une grande instabilité ; qui croira que le moindre semblant d'ordre puisse en surgir ? La théorie de l'équilibre général a montré que dans certaines conditions, certains prix confèrent un équilibre à l'ensemble des marchés. Cependant, l'efficacité de telles conditions, en pratique, n'est pas évidente.

La main invisible

Au cours du XVIIIe siècle, l'économiste et philosophe écossais Adam Smith écrivit cette phrase célèbre : « Ce n'est pas de la bienveillance du boucher, du brasseur ou du boulanger que nous attendons notre dîner mais plutôt du soin qu'ils apportent à la recherche de leur propre intérêt. » Si j'ai faim, le boucher me fournit en viande et quand je lui en achète, je lui donne de quoi vivre.

La « main invisible » est la métaphore utilisée par Smith pour exprimer la façon qu'ont les marchés libres de satisfaire spontanément les besoins des gens. Aucune instance coordonnatrice ne demande au boucher de fournir de la viande à un endroit particulier, ni à une personne qui a faim de se présenter à tel ou tel endroit pour le dîner. Les prix rendent l'offre égale à la demande, si bien que quiconque veut acheter quelque chose à un prix donné y parviendra. Un principe fondamental de l'économie veut par conséquent que le résultat du libre arbitre et de l'intérêt personnel des gens ne soit pas le chaos mais plutôt le bien commun. La réflexion économique s'intéresse au fonctionnement de cette main invisible et aux conditions dans lesquelles elle serait susceptible de ne plus remplir son office.

L'optimum de Pareto

Les économistes veulent faire plus que simplement expliquer les résultats économiques; ils veulent également évaluer leur opportunité. Pour ce faire, ils appliquent une norme appelée « optimum de Pareto », du nom de l'économiste italien qui la conçut.

Imaginons que Serge a deux paquets de chips et deux paquets de bonbons. Il aime les chips mais reste indifférent devant les bonbons. Juliette a deux paquets de chips et aime à la fois les chips et les bonbons. Si Serge donnait les bonbons à Juliette, elle serait plus riche, mais lui ne ressentirait pas de perte : cette situation serait une amélioration au sens de Pareto. La répartition initiale des biens était inefficace selon Pareto, car ceux-ci pouvaient être redistribués avec pour résultat l'enrichissement de quelqu'un sans que ce soit au préjudice de quelqu'un d'autre. Quand de telles redistributions ont lieu, la société atteint un niveau d'efficacité Pareto, c'est-à-dire l'état dans lequel il n'est pas possible d'enrichir quelqu'un sans que cela prive un autre. L'échange se produit lorsque l'acheteur et le vendeur en retirent tous les deux un bénéfice, et l'économie, pour une grande part, tente de déterminer les conditions qui, au sein des marchés libres, favorisent l'optimum de Pareto.

Quel que soit le point sur la courbe de l'optimum de Pareto, il est impossible d'enrichir quelqu'un sans que ce soit au détriment de quelqu'un d'autre.

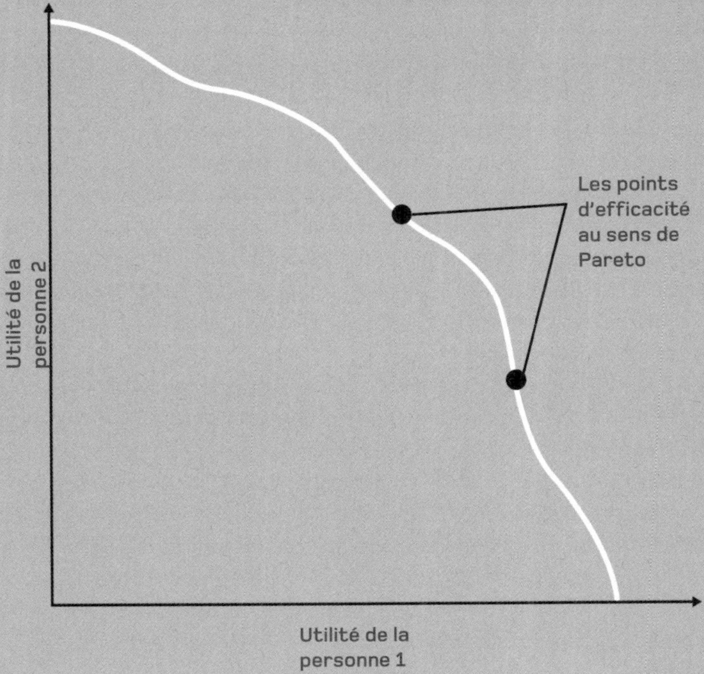

L'efficience du marché et les théorèmes du bien-être

Adam Smith affirmait qu'un système de marchés libres mène spontanément à une répartition socialement désirable des biens (voir page 44). Sans qu'il y ait besoin d'une organisation centrale, les biens et services nécessaires sont produits et parviennent à ceux qui en feront le meilleur usage. C'est comme si tous les acheteurs et vendeurs, tous les employés et employeurs étaient guidés par une « main invisible ». Au cours du XXᵉ siècle, des économistes ont abordé cette question sous l'angle mathématique et sont parvenus à dégager des « théorèmes du bien-être » qui posent les conditions dans lesquelles les marchés libres favorisent le bien commun.

Les critères qu'ils retiennent pour l'établissement et la perduration du bien commun sont l'optimum de Pareto (voir page 46) : une répartition des biens est efficace au sens de Pareto si aucune nouvelle répartition de biens ne peut être faite au bénéfice d'au moins une personne sans que ce soit au détriment d'une autre personne. Un des théorèmes du bien-être postule que, dans certaines conditions, toute répartition de biens effectuée par le biais de marchés libres est efficiente au sens de Pareto. Le problème est que les conditions sont tellement tendues qu'elles ont peu de chances de se vérifier dans la vie réelle.

La défaillance du marché

Sous certaines conditions, les marchés peuvent susciter des répartitions de biens efficientes (au-delà desquelles il est impossible d'enrichir une personne sans que ce soit au détriment d'une autre personne). Lorsque de telles conditions ne sont pas réunies, on assiste à une défaillance du marché. Une condition nécessaire à l'efficience est la concurrence: aucun acheteur ni aucun vendeur ne devraient pouvoir influer sur le prix d'un bien. Par conséquent, l'une des raisons possibles à la défaillance du marché est le manque de concurrence: si un monopole contrôle le marché du pain, il peut en augmenter le prix et en fournir moins, ce qui engendre alors une inefficience. Une autre condition nécessaire à l'efficience est que l'aboutissement d'un marché ne touche que ceux qui en sont partie prenante: le fait que vous achetiez un régime de bananes ne m'affecte pas, mais imaginons à présent que vous achetiez une batterie et que cela m'oblige à porter des bouchons d'oreilles. Votre action aura une conséquence imprévue qui n'avait pas été comptée dans le prix que vous avez payé pour la batterie. Les économistes appellent ce type de défaillance une « externalité ».

On utilise la notion de défaillance du marché afin de justifier l'intervention de l'État: par exemple, la prétendue politique « antitrust » s'occupe des monopoles, tandis que certains impôts servent à compenser les externalités.

Un objectif important des politiques publiques est de corriger les défaillances du marché.

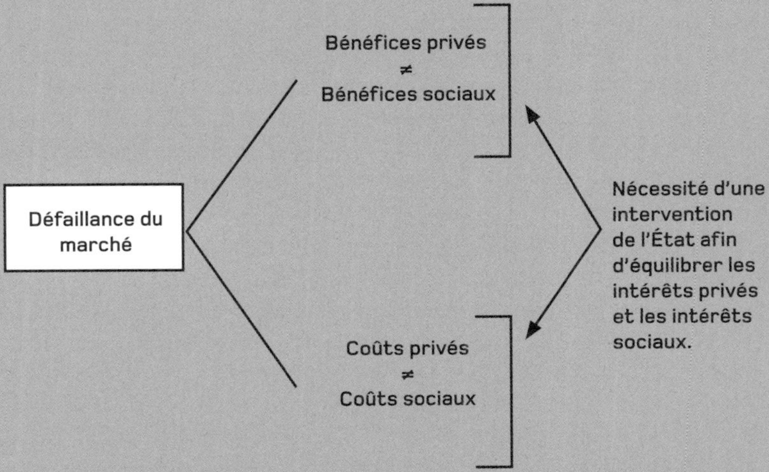

Les externalités

Supposons qu'une usine de construction automobile soit située en amont d'une pêcherie. L'usine achète du matériel et de la main-d'œuvre, vend des voitures et engrange des bénéfices. Mais une conséquence de cette activité est le déversement d'un produit chimique dans le cours d'eau. Il descend jusqu'à la pêcherie et tue un certain nombre de poissons. L'impact de ce produit sur la pêcherie est ce qu'on appelle une « externalité » : l'usine crée, par rapport à la pêcherie, un coût que le marché ne prend pas en compte. Quand l'usine détermine combien de voitures elle va construire, elle regarde le coût en matériel et le prix des véhicules ; la production moindre de poisson n'entre pas dans ses calculs. Par conséquent, le marché n'a pas réussi à aligner les coûts et les bénéfices de l'usine sur ceux de la société prise dans son ensemble : l'externalité « négative », ici, c'est l'usine qui produit « trop » de voitures. Inversement, les marchés ont tendance à sous-équiper les externalités « positives ». Les abeilles pollinisent les cultures, mais l'apiculteur ne regarde que le prix du miel, pas le bénéfice que ses abeilles réalisent pour l'exploitant voisin. Par rapport au bénéfice potentiel global, l'apiculteur a « trop peu » de ruches.

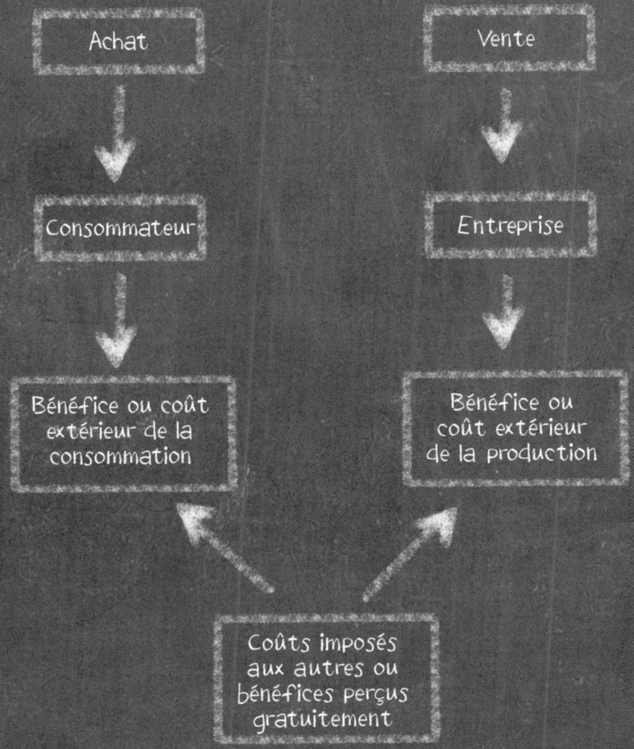
Achat
Vente
Consommateur
Entreprise
Bénéfice ou coût extérieur de la consommation
Bénéfice ou coût extérieur de la production
Coûts imposés aux autres ou bénéfices perçus gratuitement

La tragédie des biens communs

Imaginez un village traditionnel où les gens vivent du commerce de la laine et font paître leurs moutons sur un pâturage possédé en commun. Le village prospère et de plus en plus de moutons paissent, mais bien vite, il y en a tellement que l'herbe est broutée plus vite qu'elle ne repousse. Au final, le sol est nu et on ne peut plus y installer de moutons ; le gagne-pain des villageois a disparu.

Cette « tragédie des biens communs » se produit parce que lorsque des propriétaires font paître leurs moutons à titre individuel, ils ne s'occupent pas du fait que cela réduit la quantité d'herbe accessible aux moutons des autres villageois. Ici, l'herbe est une ressource commune : personne ne peut en être privé, mais l'usage qu'en fait une personne réduit l'usage qu'en feront les autres. L'effet combiné de cette pratique est contre-productif : s'ils arrivaient à se mettre d'accord sur un nombre limité de moutons, peut-être par le recours à des taxes ou des quotas, leur moyen de subsistance pourrait s'en trouver protégé. Ces enjeux expliquent les efforts engagés par les États pour réguler l'utilisation de biens communs tels que l'eau, les réseaux routiers et les poissons.

Le théorème de Coase

Supposons que Jean se mette à jouer du trombone et que son voisin Jacques ne supporte pas le vacarme consécutif. Jouer du trombone procure du plaisir à Jean, mais cela a un coût du point de vue de Jacques. Cela ne se voit pas au niveau du marché, par conséquent Jean ne se rend pas compte du coût social de son passe-temps. Les économistes disent que Jean « crée une externalité négative ». En 1960, l'économiste Ronald Coase a proposé un théorème selon lequel les marchés ont la capacité de résoudre ce genre de situation.

Supposons à présent que le plaisir de jouer du trombone coûte 1 000 € et que le dérangement causé à Jacques vaille 2 000 €. Jacques pourrait payer 1 500 € à Jean pour que celui-ci arrête de jouer. Dans ce cas, Jean et Jacques seraient plus à l'aise financièrement. Cela suppose également qu'au départ, Jean avait le droit de jouer du trombone mais peut-être Jacques a-t-il, de son côté, le droit au calme, à la tranquillité, auquel cas Jean pourrait tenter de le payer afin d'avoir le droit de faire de la musique. D'une manière ou d'une autre, le théorème affirme que les deux parties devraient pouvoir se mettre d'accord. En réalité, cependant, ce théorème pourrait ne pas fonctionner car négocier revient trop cher pour dégager une solution acceptable.

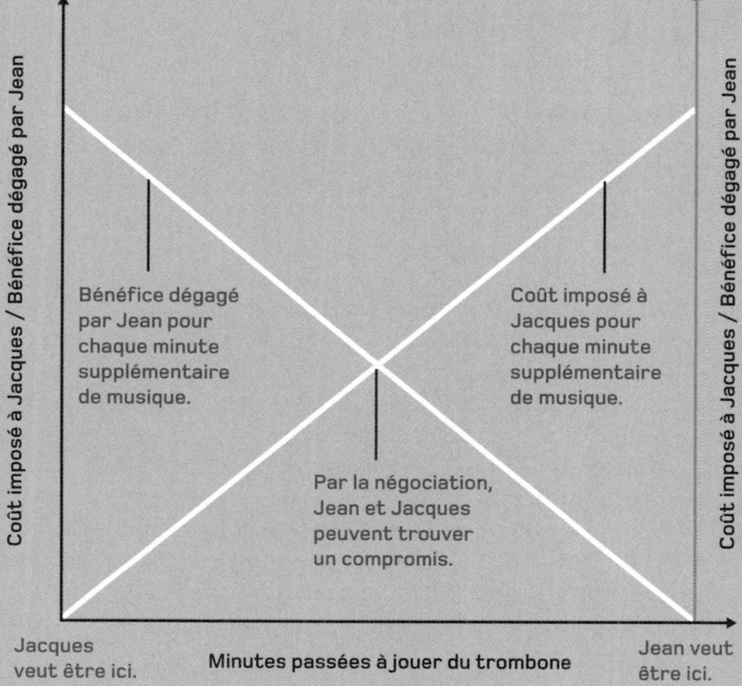
Coût imposé à Jacques / Bénéfice dégagé par Jean
Coût imposé à Jacques / Bénéfice dégagé par Jean
Bénéfice dégagé par Jean pour chaque minute supplémentaire de musique.
Coût imposé à Jacques pour chaque minute supplémentaire de musique.
Par la négociation, Jean et Jacques peuvent trouver un compromis.
Jacques veut être ici.
Minutes passées à jouer du trombone
Jean veut être ici.

Le bien public et les resquilleurs

Dix habitants d'une rue engagent chacun 100 € pour l'installation de réverbères. Au total, ils réalisent un bénéfice de 1 000 €, donc si le coût de cet éclairage était inférieur à 1 000 €, il serait financièrement intéressant de l'installer, en partant du principe que chaque riverain contribuera aux frais.

Mais les réverbères sont un bien d'un type particulier appelé « bien public »; à ce titre, nul ne peut se voir interdire leur utilisation, d'autant plus que l'utilisation qu'en fait une personne ne prive personne d'autre. Pourquoi, alors, un riverain accorderait-il une quelconque valeur à des réverbères et voudrait-il contribuer financièrement à leur installation ? Il serait plus logique pour lui de feindre l'indifférence car il sait que dès leur mise en service, il pourra quand même en profiter sans que personne ne l'en empêche. Si tous les riverains « resquillent » de cette manière, aucune contribution n'est faite et l'éclairage public n'est pas installé. « Resquiller » signifie que les marchés ne sont pas en mesure de fournir des biens d'usage public ; un des rôles principaux de l'État est d'investir dans des biens reconnus d'utilité publique, comme par exemple la défense nationale.

L'optimum de second rang

Les économistes acceptent à bras ouverts les bénéfices engrangés par des marchés libres et en bonne santé. Lorsqu'un marché connaît une défaillance, la première réaction consiste souvent à proposer une intervention afin de corriger le tir. La théorie dite de « l'optimum de second rang » (« le pis-aller ») montre qu'en réalité, la situation est plus complexe.

Supposons que nous soyons inquiets au sujet d'une entreprise qui monopoliserait le marché de l'acier. Les monopoles ont tendance à faire monter les prix et à restreindre la production par rapport à ce que voudrait un idéal social. Nous pourrions alors suggérer l'intervention d'une autorité de concurrence afin de fractionner cette entreprise en concurrents de taille moindre : la production d'acier connaîtrait une hausse et les prix chuteraient. Mais imaginons maintenant une autre défaillance de marché : l'entreprise libère des gaz qui détruisent les cultures avoisinantes. Elle ne s'occupe pas du coût que cela représente ; si c'était le cas, elle produirait moins d'acier. Par conséquent, la défaillance d'un marché (production moindre due au monopole) compense l'autre défaillance qu'entraîneraient les coûts d'une pollution causée par la surproduction. Corriger une seule défaillance – le monopole – pourrait en fait aggraver la situation dans la mesure où encore plus de cultures seraient endommagées.

2

Le théorème d'impossibilité d'Arrow

Dans n'importe quelle société, certaines personnes peuvent avoir besoin de ressources supplémentaires afin de bénéficier d'une scolarité tandis que d'autres voudront qu'elles soient dépensées pour la construction de réseaux routiers. Lorsqu'elles sont amenées à prendre des décisions collectives, les sociétés sont aux prises avec le problème que posent des aspirations conflictuelles de ce type. Le théorème d'impossibilité d'Arrow montre qu'en toute logique, il n'existe aucune procédure décisionnelle qui respectera simultanément un petit nombre de critères porteurs de justesse. L'une de ces propriétés veut qu'il n'y ait pas de « dictateur », c'est-à-dire une seule personne qui décréterait la décision sociale. Une autre est que si *chaque* individu préférait les écoles aux routes, alors la société dans son ensemble devrait préférer les écoles aux routes. Le théorème affirme que ces critères, ainsi que d'autres critères *a priori* raisonnables, justes, sont en réalité incohérents.

Imaginez un système de scrutin qui remplirait la deuxième condition : le résultat serait une dictature. Un seul vote en déterminerait toujours l'issue. Ce théorème est puissant et dérangeant, car même les modes de scrutin les plus transparents sont susceptibles d'être minés par l'incohérence et le paradoxe.

VOTRE
VOIX
COMPTE

Le risque et l'incertitude

La vie économique est empreinte de risque. Le portefeuille d'un trader peut perdre de sa valeur ou crever le plafond. Un travailleur peut se faire licencier ou obtenir une augmentation. La notion de risque s'applique aux situations dans lesquelles un ensemble de résultats connus se produira avec une probabilité mesurable, comme les différents numéros qui sortent à la roulette.

L'analyse économique recourt souvent à la notion suivante: les entreprises et les individus misent sur des retours à la suite de différentes actions, puis choisissent celui dont le bénéfice est le plus élevé. Par exemple, une entreprise pense, avec une probabilité élevée, qu'il y aura une forte demande sur le marché l'an prochain. En conséquence, elle décide de lancer un nouveau produit. La notion d'incertitude s'applique aux situations pour lesquelles on ne connaît pas la probabilité d'occurrence de certains événements à venir, ce qui fait qu'on ne peut calculer les retours. L'incertitude imprègne toutes les économies: par exemple, il est impossible de savoir quelles nouvelles technologies seront à l'œuvre dans une dizaine d'années. Cela signifie qu'en réalité, beaucoup de décisions qui engagent l'avenir, en matière de sciences économiques, se fondent sur des intuitions plutôt que sur des calculs.

L'aversion au risque

Supposons que je vous donne 1 000 € si je joue à pile ou face et que face gagne, mais rien si c'est pile. Parce que pile et face se produisent avec une probabilité de un sur deux, nous pouvons dire que l'espérance mathématique du lancer de la pièce est de 500 €. Sachant cela, supposons à présent que je vous donne le choix entre jouer à pile ou face et recevoir sur-le-champ 490 €.

Selon les lois de l'économie, si vous optez pour les 490 €, cela veut dire que vous éprouvez une aversion au risque, car vous préférez un gain moins élevé afin de ne pas prendre le risque de ne rien percevoir au bout du compte. Dans ce cas, la douleur causée par la perte est plus forte que le plaisir obtenu par le gain : vous refuseriez probablement de jouer à un jeu où je vous donnerais 100 € si c'est face qui gagnait mais où vous me donneriez 100 € si c'était pile. L'aversion au risque explique qu'il y ait un secteur des assurances : les personnes qui n'aiment pas prendre de risques versent chaque année une prime à un assureur afin d'éviter de se retrouver confrontées à des pertes plus lourdes.

1 EURO

L'assurance

Sophie contracte une assurance habitation bien qu'elle n'ait jamais été victime d'un cambriolage. Pour quelle raison continue-t-elle de payer ? Elle le fait d'abord parce qu'elle cherche à éviter les situations à risque. Par le biais de l'assurance, elle a au final moins d'argent si elle ne se fait pas cambrioler mais, dans le cas contraire, l'assurance compense les pertes. L'assurance déplace la richesse relative à la situation marquée par l'absence de cambriolage vers la situation où elle en est victime. Les restitutions attendues (dans un cas comme dans l'autre, la richesse pondérée par la probabilité du résultat) sont les mêmes, avec ou sans assurance. Malgré tout, parce qu'elle déteste le risque, elle souscrit cette police. La compagnie, pendant ce temps, peut l'assurer en faisant de même vis-à-vis de beaucoup de gens car il est difficile de prédire si Sophie sera victime d'un cambriolage. En revanche, il est possible d'obtenir une prédiction raisonnable du nombre de cambriolages pour un groupe de mille personnes. La compagnie peut donc faire en sorte que la somme totale des primes versées couvre la somme totale dépensée pour leur obtention.

Le problème du principal-agent

Les marchés peuvent ne pas fonctionner de façon normale lorsque certaines personnes détiennent plus d'informations que d'autres. Par exemple, le propriétaire d'une entreprise de construction veut maximiser son profit, mais cela dépend des efforts que fourniront ses employés. On appelle cette situation « le problème du principal-agent »: un résultat important aux yeux du propriétaire (le principal) dépend des actions des ouvriers (les agents), mais ces derniers en savent plus que le principal sur leurs propres actions. Le propriétaire de cette entreprise de construction ne peut contrôler personnellement le travail de tous ses maçons et de tous ses charpentiers répartis sur différents sites.

Un grand nombre de théories et de modèles économiques étudient la manière dont le principal pourrait encourager ses agents à agir dans la direction qu'il souhaite et ce lorsque de telles actions ont un coût élevé du point de vue des agents. Des variantes du problème du principal-agent surviennent dans les marchés de la santé: le principal (le patient) peut désirer savoir si son traitement sera efficace ou s'il servira uniquement à enrichir son médecin.

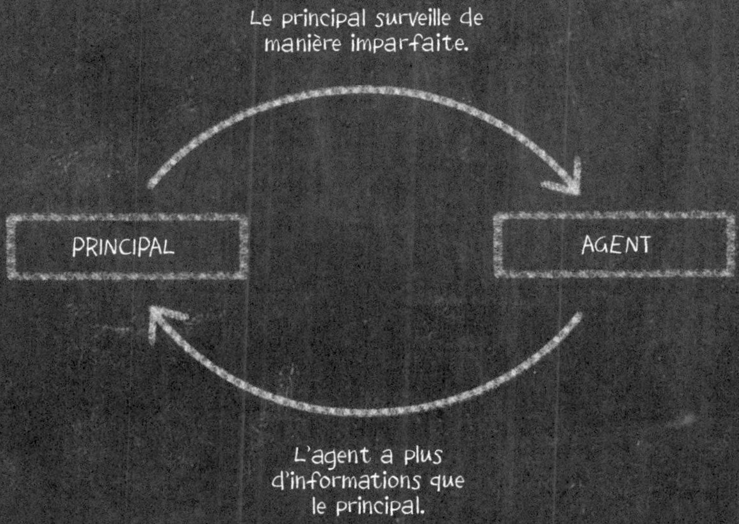

Le principal surveille de manière imparfaite.
PRINCIPAL
AGENT
L'agent a plus d'informations que le principal.

L'aléa moral

David fait assurer son téléphone portable; à présent qu'il sait qu'il est couvert à ce sujet par une compagnie d'assurances, il commence à se servir de son téléphone avec une certaine désinvolture et réclame les sommes engagées pour la réparation de plusieurs dégâts. Cette situation, dans laquelle David a la capacité d'affecter la probabilité d'un événement (dégât causé au téléphone) pour lequel la compagnie d'assurances le remboursera, cette situation, donc, est un exemple d'aléa moral. Le problème, dans cet exemple précis, est que la compagnie d'assurances ne peut gérer chacun de ses clients et, par conséquent, est susceptible de payer des sommes plus importantes que ce qu'elle avait prévu. Si elle le pouvait, elle ferait payer à des personnes négligentes comme David des primes plus élevées mais, parce qu'elle n'en a pas la possibilité, elle fait payer à tous des primes plus lourdes. Il se peut même qu'elle en arrive à ne plus vendre certaines assurances. Le manque d'information dont souffre cette compagnie déstabilise le marché.

Beaucoup d'économistes affirment que l'aléa moral a contribué à l'émergence des crises financières qui ont débuté en 2007: si on considère que les banques sont « trop grosses pour faire faillite », celles-ci peuvent se lancer dans des investissements excessivement risqués. Elles savent en effet que l'État les renflouera ensuite.

La sélection adverse

Imaginons le cas d'un commerçant qui vendrait du parfum bon marché. Son empressement à vendre sa marchandise à bas prix fait germer le soupçon que celle-ci serait en réalité des contrefaçons. Ce problème survient parce que, contrairement au vendeur, l'acheteur ne sait rien de la qualité du parfum. Dans cette situation de « sélection adverse », le marché a tendance à rejeter les bons produits contre des produits de piètre qualité.

Examinons à présent un autre exemple dans lequel un acheteur ne connaît pas l'état d'une voiture d'occasion. Cependant, les propriétaires de tacots sont plus motivés pour vendre que les propriétaires de véhicules en bon état; par conséquent, les acheteurs s'attendent à ce que la qualité des voitures proposées ne soit pas très élevée. Il en résulte qu'ils n'acceptent que des prix bas. Parce que les vendeurs de voitures en bon état ne parviennent pas à gagner des sommes correctes, de moins en moins de voitures intéressantes sont proposées; au bout du compte, seuls des tacots sont en vente. Ce phénomène de sélection adverse se produit également dans l'assurance maladie: en effet, dans ce secteur, l'assureur ne connaît pas l'état de santé de l'assuré. Les personnes qui auront le plus envie de souscrire une assurance seront peut-être celles dont la santé n'est pas bonne mais que l'assureur a le moins envie d'assurer.

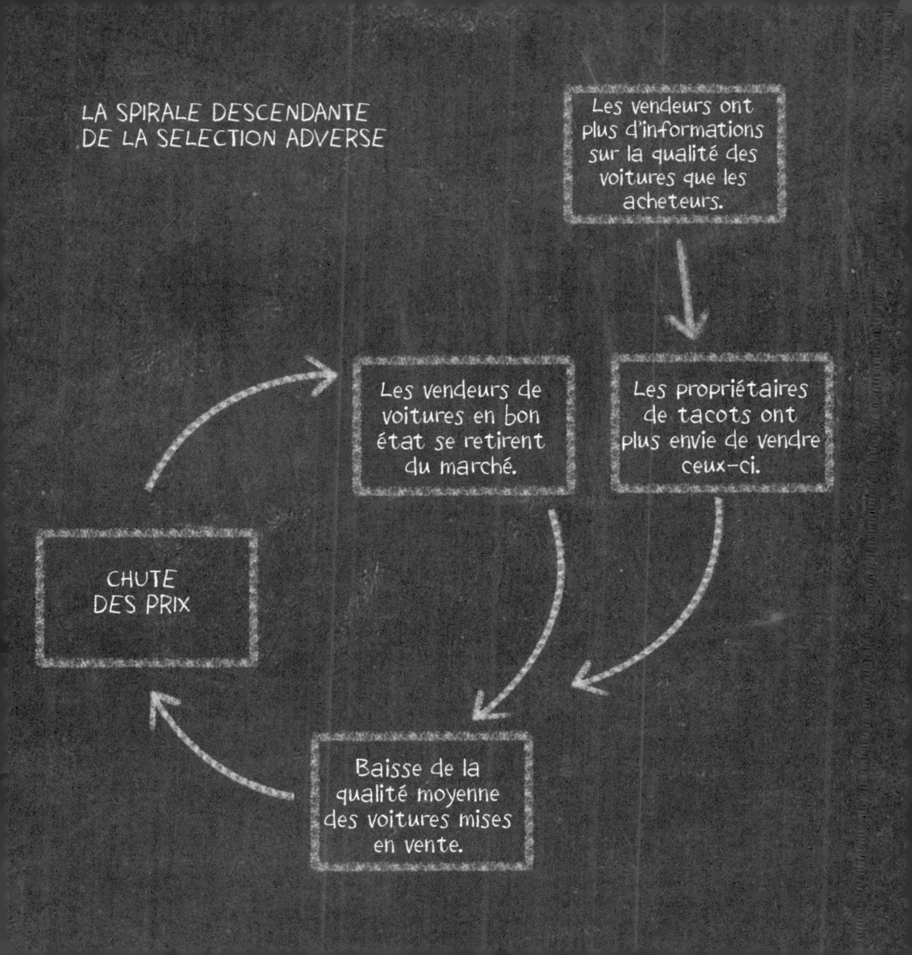
LA SPIRALE DESCENDANTE DE LA SELECTION ADVERSE
Les vendeurs ont plus d'informations sur la qualité des voitures que les acheteurs.
Les propriétaires de tacots ont plus envie de vendre ceux-ci.
Les vendeurs de voitures en bon état se retirent du marché.
Baisse de la qualité moyenne des voitures mises en vente.
CHUTE DES PRIX

Le signal et la sélection

Les marchés ne fonctionnent pas bien quand certaines personnes disposent de moins d'informations que d'autres, mais une théorie avance que des participants informés peuvent parfois « envoyer un signal » porteur d'une information qui résoudra le problème. Par exemple, les entreprises désirent embaucher des ouvriers productifs mais il est difficile pour elles d'observer ces caractéristiques. Les ouvriers ont conscience de leurs capacités et peuvent le faire savoir en obtenant des qualifications. Supposons qu'une entreprise de comptabilité accorde un contrat d'apprentissage à un étudiant diplômé en histoire plutôt qu'à un candidat non diplômé. Les études du stagiaire n'avaient pas de rapport avec le domaine de la comptabilité; l'entreprise prévoit de le former à partir de zéro dans cette discipline, mais le fait qu'il ait tout de même un diplôme a servi de signal indicateur de caractéristiques prisées, à savoir l'application et la compétence. Si l'entreprise était capable d'observer directement les niveaux de compétence, la possession d'un diplôme serait superflue. Des groupes non informés peuvent aussi prendre certaines mesures, connues sous le nom de « sélection », afin que d'autres personnes leur fournissent des renseignements sur elles-mêmes. Les compagnies d'assurances et les prêteurs posent à leurs clients potentiels des questions conçues pour révéler les risques latents qu'ils présentent.

Les enchères et la malédiction du vainqueur

Lors d'une vente aux enchères, Émilie se voit adjuger une horloge ancienne au prix de 50 €. Elle remporte l'enchère parce que son offre est plus élevée que toutes les autres, mais cela signifie également, d'un certain point de vue, que l'horloge est « trop cher payée ». Ce phénomène s'appelle « la malédiction du vainqueur ». Si la deuxième offre plus élevée avait été de 49 €, Émilie aurait quand même remporté l'horloge avec une enchère de 49,01 €. Par conséquent, elle a fini par payer 99 centimes de plus que nécessaire.

L'analyse de la théorie des enchères représente désormais une part significative des sciences économiques. Une question d'importance est la meilleure stratégie d'enchères : Émilie aurait-elle mieux fait d'abaisser légèrement sa limite d'enchère afin de réduire le risque de payer trop cher ? Ou bien aurait-elle couru le risque de perdre l'enchère ? Une autre question est de savoir comment le vendeur d'un article devrait planifier l'enchère de façon à maximiser son bénéfice. Cette réflexion occupe le premier plan depuis les années 1990, lorsque les États ont vendu aux opérateurs de téléphonie mobile les droits sur le spectre radioélectrique. Des examens attentifs de la théorie des enchères ont été menés afin d'organiser des ventes qui permettraient des retours financiers maximisés.

La recherche d'un emploi

Dans le modèle standard des marchés, les prix font que la demande s'aligne sur l'offre. Sur le marché de l'emploi, le nombre de gens qui veulent travailler au salaire actuel devrait être égal au nombre de personnes que les employeurs souhaitent embaucher. En réalité, cependant, les travailleurs ne connaissent pas tous les emplois et les salaires disponibles. Acquérir des informations sur les offres d'emploi est coûteux en termes de temps passé à leur recherche ; en conséquence, un travailleur cherchera un emploi jusqu'à ce qu'il ait trouvé un poste intéressant à ses yeux, c'est-à-dire un poste qui correspond à ses préférences, et cela pour un salaire acceptable. Mais parce que cette recherche est coûteuse, il est raisonnable, de son point de vue, de limiter le temps qu'il y consacre et d'accepter un salaire « suffisamment élevé », même si des emplois mieux rémunérés sont disponibles. Ces coûts signifient qu'une fourchette de salaires s'appliquera à un même emploi, plutôt qu'un seul salaire. Ils expliquent également le phénomène du « chômage frictionnel », c'est-à-dire une forme de chômage qu'on trouve même au sein des économies florissantes du simple fait qu'il faut un certain temps à un travailleur pour trouver un nouvel emploi.

La théorie des jeux et le dilemme du prisonnier

La branche des sciences économiques qui s'occupe de la stratégie décisionnelle s'appelle la « théorie des jeux », et le dilemme du prisonnier en est peut-être son exemple le plus célèbre. On capture deux voleurs, on les interroge séparément et les presse de fournir des preuves accablantes l'un contre l'autre. Ils savent que si tous deux gardent le silence, ils recevront une peine légère d'un an de prison. Si l'un trahit son partenaire mais que l'autre garde le silence, le premier sera relâché tandis que le deuxième écopera de vingt ans de prison. Cependant, si les deux trahissent, ils seront condamnés chacun à dix ans. Puisque le pire scénario est de se faire trahir, tous deux finissent par se trahir l'un l'autre. Ils en prennent chacun pour dix ans, mais leur choix rationnel fait qu'ils ont laissé passer le meilleur résultat, qui était celui du silence mutuel. Un exemple du dilemme du prisonnier, en sciences économiques, est celui du cartel. Un cartel est un groupe d'entreprises qui se mettent d'accord pour restreindre leur production afin que les prix restent élevés. Cela peut logiquement donner envie à une entreprise de produire davantage afin d'engranger un surcroît de profit, mais si toutes les entreprises font la même chose, la production monte en flèche et les prix s'effondrent, ce qui sape l'objectif initial du cartel.

Prisonnier 2 \ Prisonnier 1	Avoue	Garde le silence
Avoue	Les deux prennent dix ans.	Le prisonnier 1 prend vingt ans. Le prisonnier 2 est libre.
Garde le silence	Le prisonnier 1 est libre. Le prisonnier 2 prend vingt ans.	Les deux sont emprisonnés un an.

Les menaces crédibles

Dans de nombreux marchés, un petit nombre d'entreprises sont en concurrence les unes avec les autres et leurs résultats individuels affectent les prix. Par conséquent, lorsqu'elles doivent prendre des décisions, les entreprises doivent tenir compte des réactions de la concurrence. Elles peuvent tenter d'influencer celle-ci par des menaces ; celles-ci, pourtant, n'auront un impact que si elles sont crédibles.

Imaginons une entreprise du nom de CemOld. C'est un fournisseur de ciment en monopole qui réalise beaucoup de profits par le biais de prix élevés et d'une sous-production. NewCem, pour sa part, envisage de s'implanter sur le marché. CemOld sait que cela va faire baisser les prix et, par conséquent, menace d'accroître sa production au cas où l'arrivée de NewCem serait confirmée ; les profits des deux entreprises s'en trouveraient affectés. CemOld espère que cette manœuvre dissuadera le nouveau venu, mais si NewCem fait effectivement son entrée sur le marché, il ne serait pas rationnel de mettre cette menace à exécution. Cela ne serait pas crédible. Une menace peut être rendue crédible si on montre qu'on s'y engage : CemOld pourrait investir dans une nouvelle usine ; après avoir procédé à cette mise de fonds, il lui faudra produire du ciment sur ce nouveau site. Au bout du compte, il peut s'avérer profitable d'augmenter de manière significative la production si NewCem maintient son implantation sur le marché.

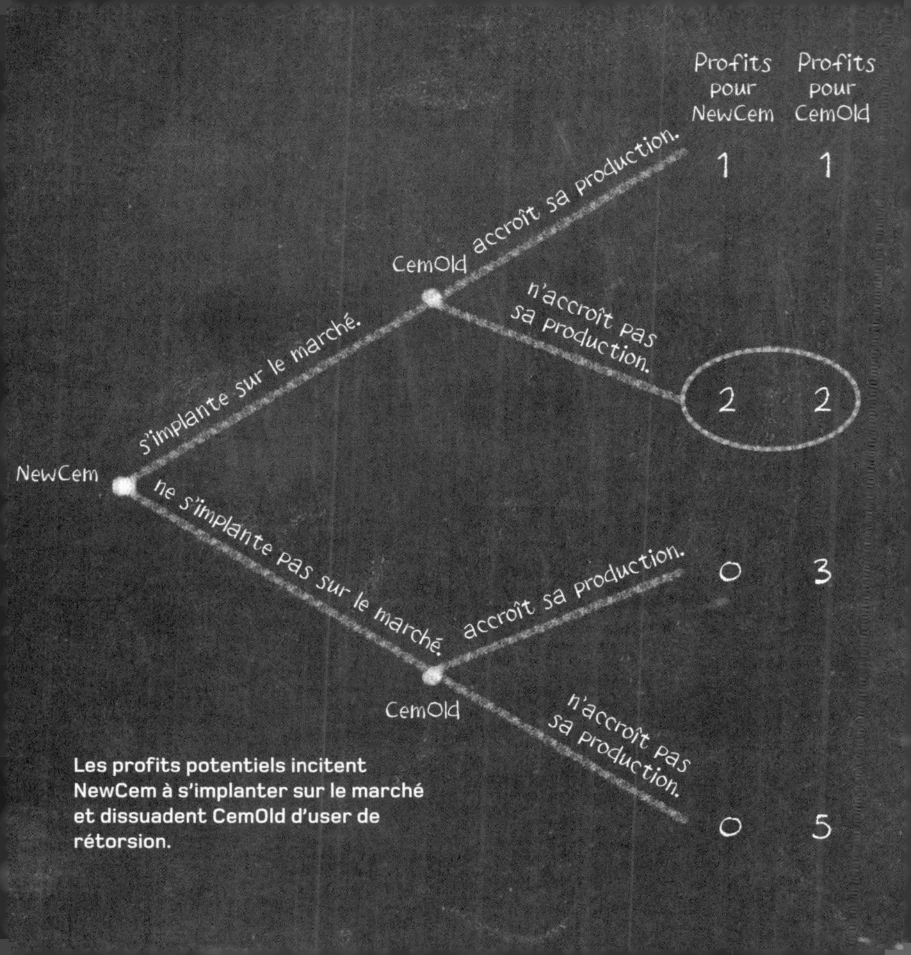

Les profits potentiels incitent NewCem à s'implanter sur le marché et dissuadent CemOld d'user de rétorsion.

L'économie comportementale

Les économistes pensent souvent que les consommateurs et les entreprises agissent de manière rationnelle, c'est-à-dire posent des actes qui génèrent plus de profit que de coûts, mais l'observation des choix que font les gens montre qu'il n'en va pas ainsi, loin de là. L'économie comportementale, secteur nouveau, se propose d'étudier ces bizarreries.

Par exemple, le modèle standard de l'économie pose comme un principe que les gens font preuve d'une attitude cohérente face au danger; ils ont souvent tendance à fuir le danger et préfèrent certains résultats garantis plutôt que des opérations plus profitables mais plus risquées. L'économie comportementale montre que l'attitude des gens diffère selon qu'ils font face à des gains ou des pertes potentiels: lorsqu'il s'agit de gains, ils semblent vouloir fuir le danger; dans le cas contraire, ils font montre d'un goût certain du risque, sont davantage téméraires afin d'éviter des pertes. On a l'impression que les gens détestent plus perdre une certaine somme que la gagner. Une des conséquences de cette attitude est ce qu'on appelle « l'aversion à la dépossession »: les gens accordent une valeur plus élevée à une voiture qu'ils possèdent déjà qu'à une voiture en exposition. Un homme doté de rationalisme économique accorderait une valeur unique à une voiture, qu'il la possède ou non.

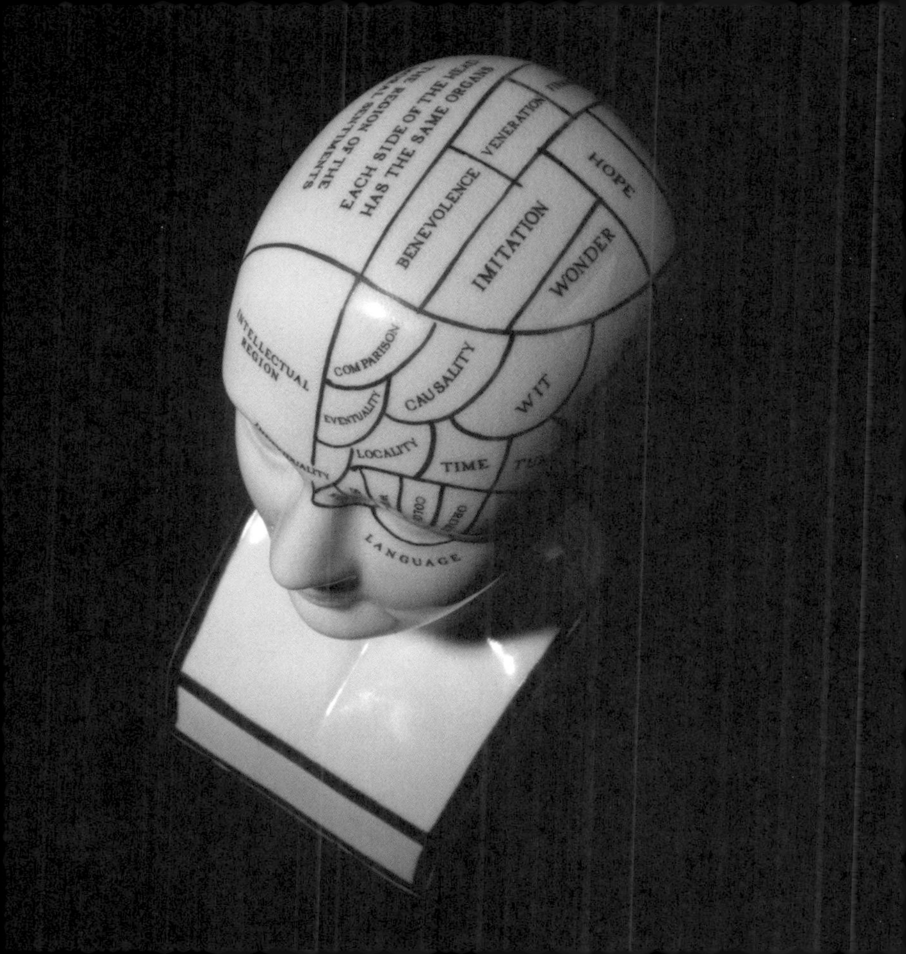

SENTIMENTS
THE REGION OF THE
EACH SIDE OF THE HEAD
HAS THE SAME ORGANS
VENERATION
BENEVOLENCE
HOPE
IMITATION
WONDER
INTELLECTUAL
REGION
COMPARISON
CAUSALITY
WIT
EVENTUALITY
LOCALITY
TIME
LANGUAGE

Le paradoxe d'Allais

L'économiste français Maurice Allais a donné son nom à un paradoxe dans lequel le comportement économique met à mal une des notions de base de la rationalité. Supposons que Pascale ait le choix entre un Mars et un Twix et qu'elle choisisse le Mars. Ensuite, on lui propose de choisir entre un Mars, un Twix et un Snickers. Si elle fait preuve de rationalisme économique, elle devrait logiquement choisir soit le Mars, soit la nouvelle option, le Snickers ; l'ajout d'un Snickers à la gamme des options ne devrait pas modifier sa préférence pour le Mars, et pas pour le Twix.

Les économistes appellent ce critère de rationalité « l'indépendance », mais dans des situations plus complexes où des personnes devaient choisir entre des options plus incertaines, Allais s'est rendu compte que cette indépendance était fréquemment violée : d'une manière ou d'une autre, en effet, les gens étaient influencés par l'inclusion d'alternatives qui, en principe, n'auraient pas dû faire la différence. La sagacité d'Allais a poussé les économistes à étudier de façon plus approfondie les fondements psychologiques du comportement économique.

Le rôle de l'argent

Une personne peut posséder des maisons, des tableaux, un portefeuille d'actions, un compte en banque bien rempli et des sacs d'espèces, mais seuls certains de ces biens sont à proprement parler de l'argent: il s'agit de ceux qu'on échange habituellement contre des biens et des services. Qu'est-ce qui distingue l'argent de tableaux ou de maisons ? L'argent est tout d'abord un moyen d'échange. Les sociétés dans lesquelles l'argent n'existe pas sont confrontées au problème qu'on appelle « la double coïncidence des désirs »: si je veux acheter une baguette de pain et que j'ai une pièce de viande à donner en échange, alors il me faut trouver quelqu'un qui a du pain et qui, en même temps, cherche à obtenir de la viande. L'argent résout ce problème.

L'argent est aussi une unité de compte. Les salaires, les remboursements de prêts, les prix du blé ou des ordinateurs sont tous mesurés par les mêmes unités de comparaison. Quand un boulanger vend une baguette, il gagne un euro qu'il pourra utiliser par la suite pour s'acheter un journal. Par conséquent, l'argent, qui fait office de réserve de valeur, a eu et a toujours un rôle central dans l'émergence des économies modernes.

2000
200 duzentos cruzeiros
BANCA D'ITALIA
TEN
2 REAIS
10 REAIS
नेपाल राष्ट्र बैंक
RIKSBANK
KRONOR
THE UNITED STATES OF AM
IN GOD WE TRUST
ONE
中国人民银行
壹角
NARODNA BANKA SRBIJE
10
20
BANK NEGARA MALAYSIA
REPÚBLICA POPULAR DE MOÇAMBIQUE
CEM METICAIS
100
1000 LIRE MILLE
México
DE ESPAÑA
MIL PESETAS
1000
ESPAÑOL
KRONOR
50
10000
NARODNA BANKA
KUNA
CENTRALNA BANKA BOSNE I HERCEGOVINE
ЦЕНТРАЛНА БАНКА БОСНЕ И ХЕРЦЕГОВИНЕ
10
KONVERTIBILNIH MARAKA
КОНВЕРТИБИЛНИХ МАРАКА
CENTRAL DE LA ARGENTINA
CINCO MIL PESETAS
5000
ESPAÑA
FEDERAL

La monnaie fiduciaire et la monnaie marchandise

Ce qu'on appelle la « monnaie marchandise » possède une valeur intrinsèque en plus de sa valeur monétaire : des formes primitives de monnaie comme les pièces d'or étaient de ce type. La monnaie marchandise est coûteuse parce qu'elle mobilise la précieuse matière première qui a servi à la battre. Elle est par ailleurs vulnérable à la dévalorisation : les Hôtels des Monnaies sont incités à réduire la proportion de métal précieux. La quantité de monnaie marchandise en circulation dépend aussi de l'accès à l'élément qui la constitue ; par exemple, l'économie peut être inondée si on découvre de nouvelles réserves de métal.

La « monnaie fiduciaire » est un type de monnaie plus sophistiqué dans la mesure où elle permet d'éviter ces problèmes : des billets de cent dollars et des soldes informatisés ne dépendent d'aucune marchandise sous-jacente ; ils représentent de l'argent pour la simple raison que la société a décidé qu'il en serait ainsi. Lorsqu'elle est correctement gérée par un État responsable, la monnaie fiduciaire permet l'application d'une politique monétaire, en d'autres termes la manipulation des taux d'intérêt et de la masse monétaire dans le but de faire fonctionner l'économie (voir page 248). Il existe cependant le risque que des États dépensiers battent des quantités excessives de monnaie, ce qui mène à l'hyperinflation.

L'argent, dans les économies modernes, existe sous la forme de billets dépourvus de la moindre valeur intrinsèque. Dans des sociétés archaïques, il était créé à partir de métaux précieux.

La masse monétaire

La masse monétaire désigne la quantité globale de biens monétaires au sein d'une économie. Différentes sortes de biens peuvent faire office de monnaie, par conséquent la masse monétaire est constituée d'éléments variés, selon les différentes définitions proposées par tel ou tel économiste ou organe statistique.

On parle souvent d'agrégat monétaire « étroit » ou « large ». L'agrégat étroit est représenté principalement par les formes les plus tangibles : les billets et les pièces. Dans les économies développées, cependant, la composante principale de la masse monétaire est la réserve d'argent dans les comptes en banque ; des définitions plus larges de la masse monétaire peuvent englober les dépôts sur des comptes courants et des comptes d'épargne. La complexité croissante des systèmes financiers fait que ceux-ci proposent un choix plus grand de capitaux similaires à l'argent. Cela signifie que les autorités peuvent avoir du mal à contrôler de façon précise la masse monétaire. Différentes sortes d'argent sont parfois désignées par les termes M0, M1, M2, M3 et M4, selon une graduation allant d'étroit à large bien que, une fois encore, des organisations puissent définir de manières différentes ces catégories.

Masse monétaire de la Nouvelle-Zélande, de 1988 à 2008

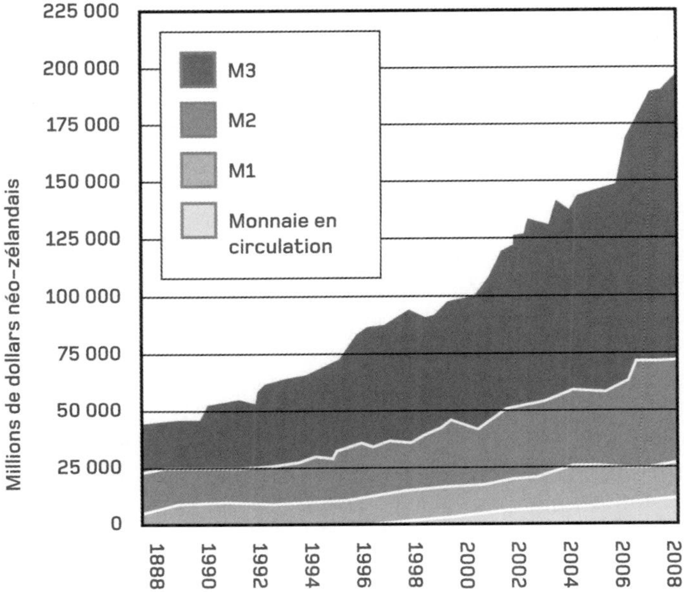

La création monétaire

Les banques ne détiennent qu'une partie de leurs dépôts sous forme d'espèces, et ce système de « réserves fractionnaires » est utilisé pour créer de l'argent. Supposons qu'une banque ait 1 000 € de dépôts, contribuant ainsi pour 1 000 € à la masse monétaire. La banque ne détient qu'un dixième de ses dépôts sous forme de réserve en espèces ; autrement dit, elle conserve 100 € et en prête 900. Les épargnants disposent toujours de dépôts pour un total de 1 000 € mais les emprunteurs ont 900 €, un ajout à la masse monétaire des 1 000 € de départ. Concrètement, l'économie ne s'en trouve pas plus riche (puisque les emprunteurs, au final, doivent rembourser les 900 €) mais il se trouve désormais une plus grande réserve d'argent, réserve qui sera utilisée lors de transactions. Lorsque les emprunteurs dépensent leurs 900 €, cette somme se retrouve dans une autre banque qui en conserve une fraction en espèces avant de prêter le reste, et ainsi de suite.

Au bout du compte, des « réserves obligatoires » d'un dixième génèrent une masse monétaire de 10 000 € à partir des 1 000 € originels. Plus la réserve est basse, plus cela génère d'argent. Les États tentent de contrôler la masse monétaire en exerçant une influence sur ce processus, par exemple en modifiant les taux d'intérêt ou par la limitation de la réserve fractionnaire.

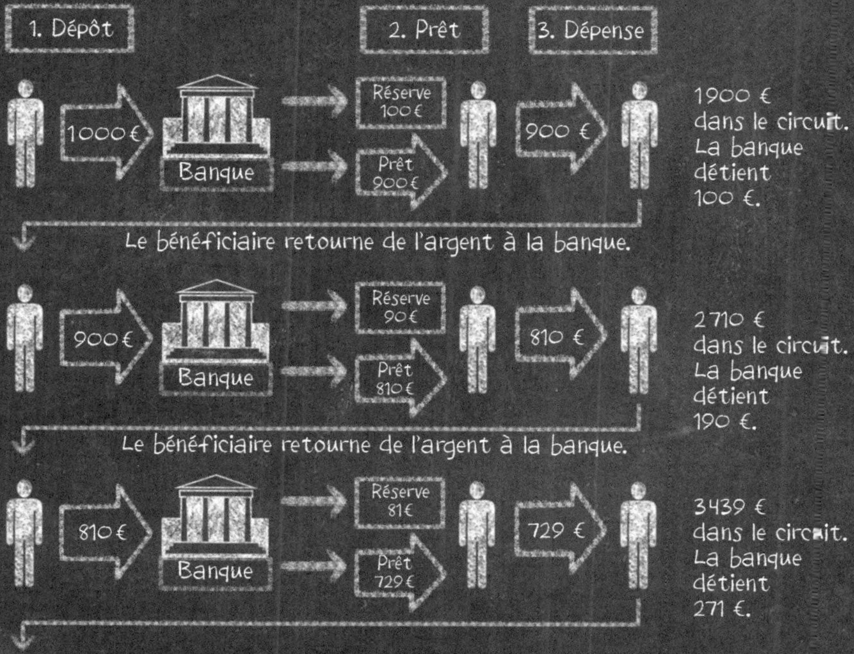
1. Dépôt
2. Prêt
3. Dépense
1000 €
Banque
Réserve 100 €
Prêt 900 €
900 €
1900 € dans le circuit. La banque détient 100 €.
Le bénéficiaire retourne de l'argent à la banque.
900 €
Banque
Réserve 90 €
Prêt 810 €
810 €
2710 € dans le circuit. La banque détient 190 €.
Le bénéficiaire retourne de l'argent à la banque.
810 €
Banque
Réserve 81 €
Prêt 729 €
729 €
3439 € dans le circuit. La banque détient 271 €.

La demande de monnaie

Les gens peuvent posséder leur patrimoine sous forme d'argent, d'actions, de biens immobiliers, etc. Tout comme on parle de la demande en pommes ou en maisons, on parle aussi de la demande de monnaie. On peut choisir de jouir de son bien sous forme d'argent (on peut en exprimer la demande) pour différentes raisons : les gens ont besoin d'argent afin d'effectuer des transactions, d'acheter de quoi manger et de payer des factures, mais l'incertitude quant à l'avenir incite également les gens à posséder de l'argent pour être en mesure de couvrir des dépenses imprévues. Plus il faut effectuer de transactions, plus la demande de monnaie sera forte. Il en résulte que cette demande a tendance à s'accroître parallèlement à l'expansion des économies.

L'argent, en particulier les espèces, ne paie pas l'intérêt ; par conséquent, le fait de s'y accrocher oblige à renoncer aux retours potentiels que peuvent fournir des capitaux comme, par exemple, les obligations. Quand les taux d'intérêt sont plus élevés, on renonce à davantage par le fait de garder de l'argent, ce qui provoque une chute de la demande d'argent tandis que les taux d'intérêt augmentent. L'augmentation des prix fait également décroître la demande de monnaie parce que le pouvoir d'achat de l'argent diminue.

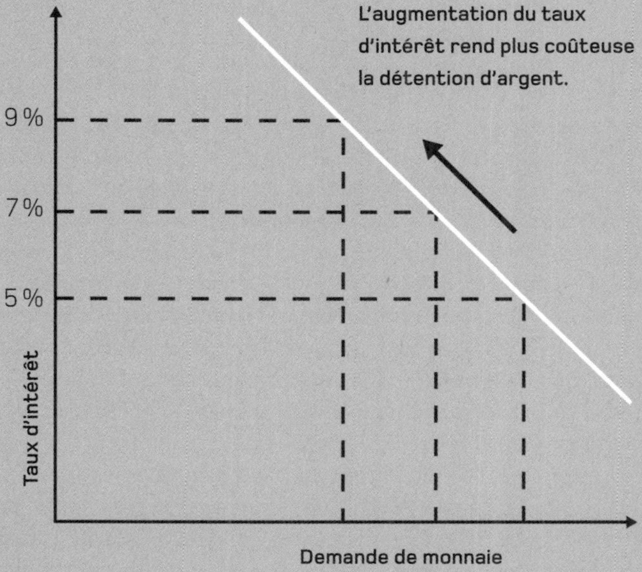
L'augmentation du taux
d'intérêt rend plus coûteuse
la détention d'argent.
9 %
7 %
5 %
Taux d'intérêt
Demande de monnaie

Les taux d'intérêt

On verse des intérêts à ceux qui détiennent des capitaux tels que des obligations. Le taux d'intérêt est déterminé par l'offre et la demande de monnaie. Lorsque les taux sont élevés, les gens achètent des capitaux qui rapportent de l'intérêt; ils ont moins envie de garder de l'argent, mais si le revenu national est plus élevé, ils ont besoin de davantage d'argent afin d'effectuer des transactions. Supposons que la banque centrale mette en circulation une certaine quantité de masse monétaire. Le marché monétaire s'immobilise lorsque la demande de monnaie est égale à l'offre; pour que cela se produise, le taux d'intérêt doit être ajusté à la somme d'argent que les personnes acceptent de détenir, qui sera égale à celle fournie par la banque centrale.

Supposons à présent que la banque centrale inonde l'économie avec de la monnaie. Étant donné le revenu national, les gens n'ont pas besoin de grosses quantités d'argent pour leurs transactions. Au taux d'intérêt courant, ils ne souhaitent pas conserver tout cet argent supplémentaire; pour qu'ils le conservent, les taux d'intérêt doivent chuter: les obligations deviennent moins attrayantes et les gens, par conséquent, ont envie de conserver l'argent supplémentaire. Le marché, de cette façon, retrouve son équilibre.

Le seigneuriage

Les États détiennent le monopole de la fabrication de monnaie ; le coût que les autorités doivent payer afin d'imprimer un billet de banque représente une fraction de la valeur de ce billet. Le revenu que l'État perçoit par cette opération s'appelle le « seigneuriage » et, parallèlement à l'impôt et à l'emprunt, c'est un moyen pour l'État de s'enrichir. C'est ce qui se produit lorsque des États assurent le financement des dépenses par l'impression de billets plutôt que par l'emprunt ou les hausses d'impôts.

Mais, en fait, le seigneuriage fonctionne comme une sorte d'impôt, car imprimer des billets augmente la masse monétaire et fait monter l'inflation ; par conséquent, on peut considérer le seigneuriage comme une « taxe sur l'inflation » dans la mesure où des prix plus élevés abaissent la valeur réelle de l'argent que les gens possèdent. Comme pour n'importe quelle taxe, l'État stimule son propre pouvoir d'achat aux dépens des autres. Bien que le seigneuriage puisse être une source utile de revenu, il peut aussi représenter un danger : poussée à l'extrême, cette pratique est susceptible d'engendrer une hyperinflation.

L'illusion monétaire

Contrairement aux pièces d'or, la monnaie sous sa forme moderne (au sens d'espèces et de versements bancaires) ne possède aucune valeur intrinsèque. Un billet de banque vaut 10 € uniquement parce que la société l'a décidé. Ce que vous pouvez acheter avec ce billet dépend des prix. L'illusion monétaire se produit lorsque les gens confondent la valeur nominale de la monnaie (par exemple, 10 € sur un billet de banque) et sa valeur réelle, c'est-à-dire la quantité de biens que l'on peut acheter avec.

Supposons qu'un travailleur soit payé 100 € par semaine. Cette somme représente son salaire nominal. S'il dépense tout son argent en livres et si le prix de ceux-ci est multiplié par deux, alors son salaire réel est diminué de moitié. Cependant, les gens semblent accorder davantage d'attention aux changements que connaissent leur salaire réel, du fait du changement des salaires nominaux, qu'à ceux causés par le changement des prix; ils regimbent plus devant une baisse de 10 % de leur salaire nominal que devant une augmentation équivalente des prix sans incidence sur leur salaire. Certains économistes ont émis l'idée qu'en période d'inflation, la main-d'œuvre fournit plus de travail qu'à l'ordinaire car elle pense que les salaires sont plus élevés que ce qu'ils sont réellement.

Quand le prix des livres est élevé...

100 € =

Quand le prix des livres est bas...

100 € =

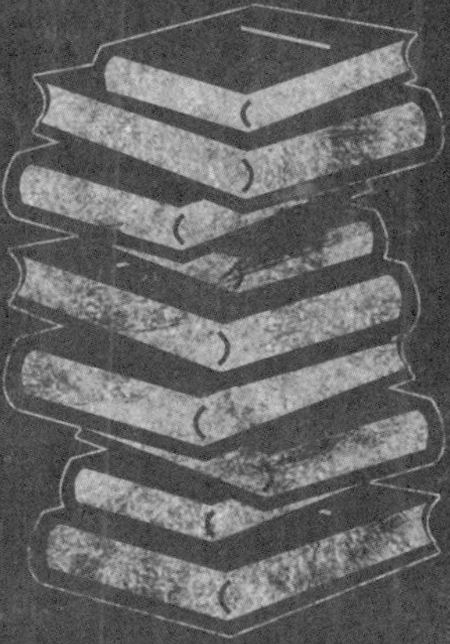

L'effet Fisher

Appelé du nom de l'économiste américain Irving Fisher, « l'effet Fisher » désigne l'impact de l'inflation sur les taux d'intérêt nominaux et la différence entre ces taux nominaux et les taux réels. Supposons que, chaque année, vous touchiez 10 % de taux d'intérêt sur une obligation ; la valeur de ce retour dépend, d'une façon cruciale (en termes de biens ou services que vous pouvez concrètement acheter avec), du taux d'inflation. Si l'inflation était de 4 %, alors votre retour réel ne serait que de 6 %.

À partir de cet exemple, nous voyons que les 10 % de taux d'intérêt nominal peuvent se décomposer en taux d'intérêt réel et en taux d'inflation : le taux nominal équivaut au taux d'intérêt réel plus l'inflation. Si l'inflation augmente d'un pour cent (peut-être à cause d'une augmentation de la masse monétaire), alors les taux d'intérêt nominaux devraient eux aussi augmenter d'un pour cent. L'étude des courants qui régissent les taux d'intérêt et l'inflation semble confirmer, à la longue, l'effet Fisher : des taux d'inflation élevés semblent aller de pair avec des taux d'intérêt élevés.

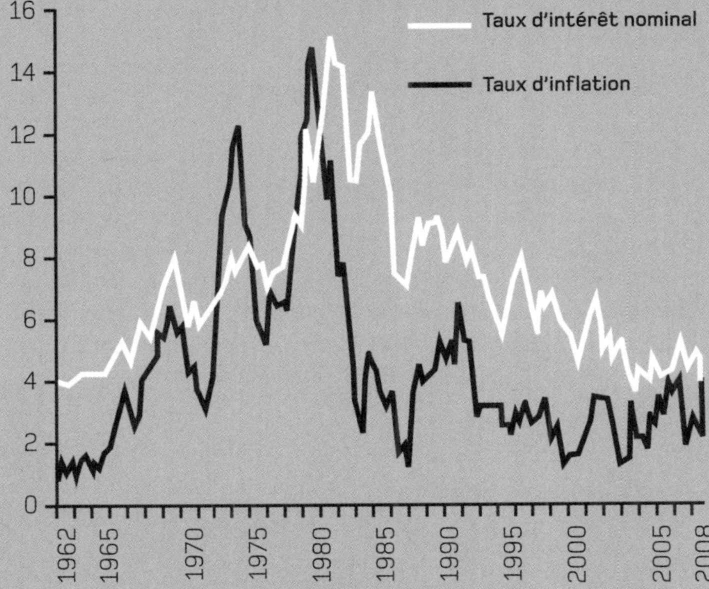

Les tendances de l'inflation aux États-Unis de 1962 à 2008 ainsi que des taux d'intérêt semblent confirmer l'effet Fisher.

Les banques et la médiation financière

Le revenu national peut être dépensé aujourd'hui ou investi dans des projets qui garantissent à terme des retours. Investir dans des infrastructures, des usines, de la technologie et des compétences favorise la croissance; par conséquent, l'investissement est l'élément moteur des économies. De ce fait, les banques (en tant qu'intermédiaires financiers entre les épargnants et les investisseurs) jouent un rôle de premier plan dans le mécanisme des investissements. Les gens qui ne dépensent pas aujourd'hui tout leur argent font des économies, le déposent dans des banques; de là, cet argent est dirigé vers ceux qui souhaitent utiliser de l'argent afin de mener à bien des investissements.

Les banques ont la capacité de mettre en commun l'épargne réalisée par beaucoup de gens puis de transformer celle-ci en prêts. En traitant avec beaucoup d'épargnants et d'emprunteurs, elles sont à même de gérer les risques. Une part importante de tout cela suppose de créer un équilibre entre les intérêts des emprunteurs et ceux des épargnants : en effet, ces derniers peuvent vouloir accéder de manière immédiate à leurs fonds tandis que les emprunteurs, qui effectuent des investissements conséquents, recherchent des prêts à long terme. Une mauvaise gestion des différents risques peut dérégler le mécanisme de l'intermédiation financière.

Les paniques bancaires

De manière typique, les banques ne conservent sous forme d'espèces qu'un faible pourcentage des dépôts ; elles s'en servent pour payer les déposants qui effectuent des retraits. Les banques ont besoin de calculer au plus juste la somme de dépôts disponibles en espèces ; cela consiste à trouver un équilibre entre ces dépôts et la nécessité de réaliser des profits en prêtant de l'argent aux emprunteurs. Une panique bancaire survient lorsque les déposants pensent que leur banque n'est plus capable de les rembourser.

Les paniques bancaires créent leur propre élan et peuvent même s'autoentretenir ; ceci est dû au fait que les banques partent du principe que seulement quelques emprunteurs voudront retirer leur argent à une période donnée. Si les emprunteurs viennent à mettre en doute la capacité de la banque à les rembourser, ils s'y précipiteront et tenteront tous à la fois de retirer leur argent ; dans ce cas, la banque ne sera pas vraiment en mesure de les payer. Pour cette raison, beaucoup d'États assurent les dépôts dans l'espoir que cela court-circuitera ces cycles de panique susceptibles de faire sombrer des établissements bancaires par ailleurs en bonne santé.

FOURTH
NATIONAL
BANK

Les obligations

Les emprunteurs peuvent obtenir des prêts en provenance d'épargnants par le biais d'intermédiaires financiers comme les banques. Ils peuvent aussi contacter directement les épargnants grâce à des marchés financiers tels que le marché obligataire. Supposons que Mega Foods Incorporated projette de construire une nouvelle usine. Cette entreprise peut collecter des fonds grâce à la vente d'obligations qui sont, en substance, des billets à ordre. L'achat qu'a fait Catherine d'une obligation de Mega Foods est un prêt accordé à cette entreprise : l'obligation stipule une maturité qui, lorsque celle-ci aura été atteinte, obligera Mega Foods à rembourser le prêt de Catherine, et ce avec un taux d'intérêt qui aura été payé jusqu'à cette date. Catherine peut s'appuyer sur cette obligation jusqu'à ce qu'elle soit parvenue à maturité, ou la revendre plus tôt. Les États émettent aussi des obligations dans le but de financer des dépenses.

D'une obligation à l'autre, la maturité (appelée aussi « date d'échéance ») vient plus ou moins vite : des obligations à court terme peuvent parvenir à maturité en quelques mois tandis que des obligations à long terme peuvent durer des décennies. Certaines obligations présentent davantage de risques : il s'agit de celles pour lesquelles il existe une probabilité plus élevée qu'il n'y ait pas de remboursement de la part de l'entreprise ou de l'État. Les emprunteurs à risque aggravé doivent proposer des taux d'intérêt plus élevés sur leurs obligations afin de générer de l'argent.

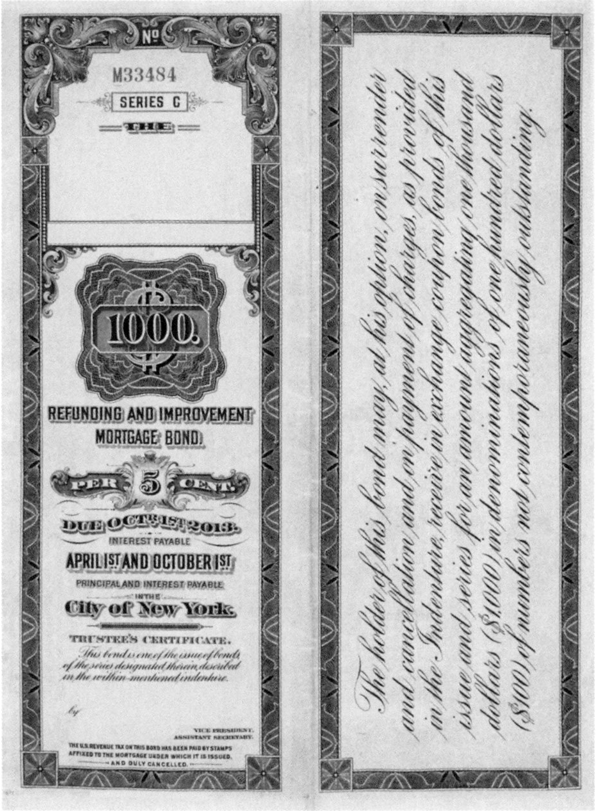

Obligation des Chemins de fer américains, vers 1900.

Le risque et le retour

Le risque et le retour vont de pair : des capitaux ou projets d'investissement risqués ont tendance à offrir des retours potentiels élevés ; lorsque le risque est faible, les retours potentiels seront probablement faibles eux aussi parce que les gens ont tendance à éviter la prise de risques mais, tout comme les retours élevés, le risque et le retour forment un compromis : afin d'obtenir des retours plus élevés, il faut prendre davantage de risques.

Imaginons qu'une entreprise commence à manufacturer un nouveau produit : il est difficile de prédire si ce produit rencontrera le succès et si, en conséquence, l'entreprise survivra ; pour cette raison, un investisseur qui accorderait un prêt à cette entreprise demanderait un taux d'intérêt élevé. Si le produit en question prenait, permettant ainsi à l'entreprise de réaliser des profits énormes, les actionnaires de celle-ci gagneraient beaucoup d'argent et ceux qui lui ont prêté certaines sommes recevraient en retour de significatifs paiements d'intérêts. À l'inverse, l'entreprise pourrait aussi faire faillite, auquel cas les investisseurs seraient perdants. À l'autre extrême, on peut fort bien investir dans des obligations d'État très sûres : celles-ci présentent un très faible risque de défaut de paiement ; la contrepartie est qu'elles ne fonctionnent qu'avec des taux d'intérêt tout aussi bas.

Le risque et le retour pour différentes formes d'investissement.

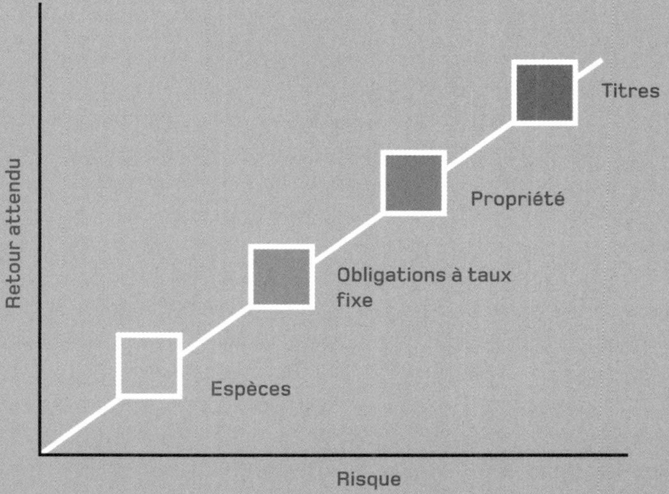

Les marchés financiers

Une manière pour les entreprises de générer de l'argent directement depuis des investisseurs consiste à vendre des actions. Lorsqu'un investisseur achète une action dans une entreprise, il détient une de ses parts. Ce type de finance contraste avec le financement de la dette résultant de l'émission d'obligations : les détenteurs d'obligations prêtent de l'argent à l'entreprise tandis que les actionnaires *possèdent* l'entreprise. Par conséquent, investir sur des actions est relativement risqué mais cela permet aussi, potentiellement, un retour élevé : si l'entreprise obtient de bons résultats, elle peut distribuer une partie ou la totalité de ses profits sous la forme d'un dividende pour chaque action, et le prix de l'action grimpera ; dans un cas comme dans l'autre, ses actionnaires s'enrichiront. Mais si l'entreprise fait faillite, les actionnaires perdent l'intégralité de leurs investissements. Par contre, les détenteurs d'obligations perçoivent le même paiement d'intérêts même si le prix de l'action de l'entreprise crève le plafond. L'échange d'actions se déroule sur des places financières centrales comme la Bourse de Paris. Dès qu'une entreprise émet des actions, celles-ci peuvent être revendues par des investisseurs. Le prix des actions monte et descend en fonction des résultats obtenus par telle et telle entreprise. Le cours des actions est également affecté par l'état général de l'économie.

BOARD OF TRADE MARKETS
RYE
BARLEY
FLAX
BARLEY
CLEAR BELLIES
LARD
RYE
WHEAT
CORN
OATS

Le modèle d'évaluation des actifs financiers

Le modèle d'évaluation des actifs financiers (MEDAF) est une méthode de calcul qui permet de déterminer le retour attendu sur un investissement à risque. Un capital présente deux sortes de risque : le risque spécifique et le risque de marché. Le risque spécifique touche un investissement particulier, par exemple l'effondrement potentiel du cours d'une action d'un laboratoire pharmaceutique dont il a été prouvé que le médicament phare était nocif. Ce genre de risque peut être compensé par une diversification des investissements dans de nombreuses entreprises. Le risque de marché, quant à lui, touche l'ensemble du marché (par exemple lorsque l'économie entre en récession et que tous les cours s'effondrent) et ne peut être compensé par la diversification.

Grosso modo, le MEDAF dit que le retour attendu sur un capital est déterminé par le retour attendu sur les marchés financiers dans leur ensemble. Certains capitaux suivent de près la tendance globale ; ils présentent un risque de marché élevé qu'il n'est pas possible de diversifier. Par conséquent, ils possèdent aussi un potentiel élevé en termes de retour. D'autres capitaux se caractérisent par un risque de marché moins élevé, donc leurs retours sont en règle générale moins élevés eux aussi.

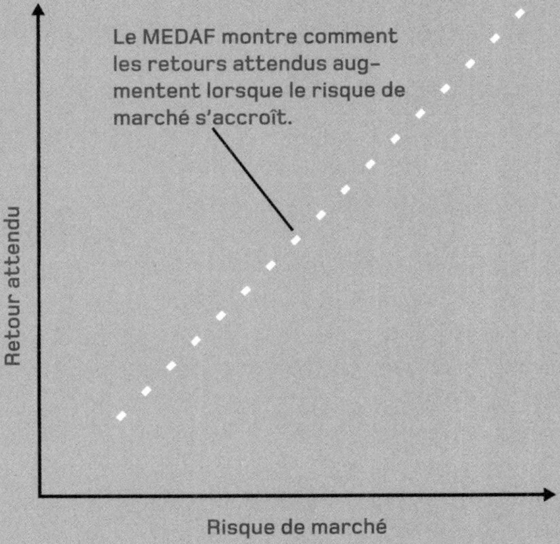
Le MEDAF montre comment les retours attendus augmentent lorsque le risque de marché s'accroît.
Retour attendu
Risque de marché

La courbe des taux

Si nous comparons sur un graphique les taux des remboursements de dettes sur différentes périodes, nous voyons le rapport entre les taux d'intérêt à court terme et les taux d'intérêt à long terme. Cela s'appelle la « courbe des taux ». En principe, la courbe est ascendante : les retours augmentent parallèlement à la période d'emprunt ; en d'autres termes, les taux d'intérêt à long terme sont plus élevés que ceux à court terme. Supposons qu'un investisseur prête 100 € à l'État en achetant une obligation. L'État lui verse de l'intérêt et le rembourse en six mois. Si la période de remboursement était de trois ans, le taux d'intérêt serait plus élevé. En prêtant sur une période plus longue, l'investisseur prend davantage de risques car sur trois ans, beaucoup d'événements imprévus peuvent se produire.

Parfois, la courbe des taux est descendante, lorsque les taux à court terme dépassent ceux à long terme. Cela signifie que les investisseurs s'attendent à une chute des taux à court terme (sinon, il serait possible d'emprunter sur le long terme afin de prêter à nouveau avec taux à court terme). On peut interpréter le fait de s'attendre à une chute des taux à court terme comme le signe qu'une économie est sur le point d'entrer en récession.

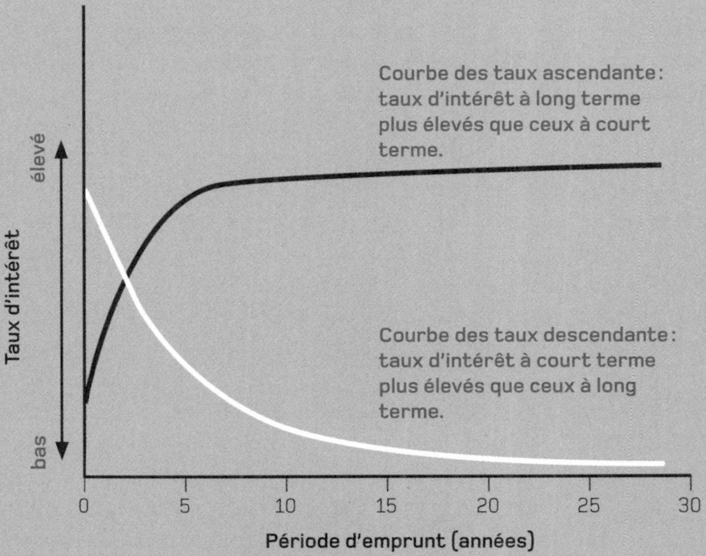
Courbe des taux ascendante : taux d'intérêt à long terme plus élevés que ceux à court terme.
Courbe des taux descendante : taux d'intérêt à court terme plus élevés que ceux à long terme.
Taux d'intérêt
élevé
bas
0
5
10
15
20
25
30
Période d'emprunt (années)

L'ingénierie financière et ses produits dérivés

Cela fait des siècles qu'on trouve des dérivés à la finance, mais ceux-ci ont gagné en importance et en sophistication depuis quelques dizaines d'années. Ces dérivés sont des contrats qui concernent une marchandise sous-jacente telle que le blé ou les dollars; par exemple, un contrat peut spécifier un prix ainsi que la date de livraison pour cent tonnes d'orge. Ce type de contrat se révèle particulièrement utile pour gérer le risque, car il réduit la marge d'incertitude au sujet des prix futurs. Mais cette particularité des dérivés permet aussi aux spéculateurs de gagner de l'argent. Supposons que j'achète un contrat dérivé pour me faire livrer cent tonnes d'orge, dans six mois, à 100 € la tonne. Si, dans six mois, le prix de l'orge est de 120 € par tonne, il m'est possible de réaliser un profit de 20 € par tonne si je revends immédiatement l'orge. Au cours des dernières décennies, des produits dérivés très complexes ont été élaborés, à l'aide de modèles mathématiques, dans le but d'assigner un prix au risque inhérent aux différents types de contrats. Certains rendent cette « ingénierie financière » responsable de la crise économique récente dans la mesure où elle a donné naissance à des produits financiers si complexes que peu en ont compris le fonctionnement.

Le Q de Tobin

En 1968, les économistes James Tobin et William Brainard ont avancé un argument selon lequel il existerait un lien entre l'investissement et les marchés financiers. Tobin a mis au point une mesure qui montre ce lien ; on a fini par l'appeler « le Q de Tobin ».

Supposons qu'une entreprise envisage de procéder à une mise de fonds sur un nouveau capital social. Elle peut y parvenir en émettant de nouvelles actions sur les marchés financiers (voir page 116). Si le prix de ses actions est plus élevé que le coût supplémentaire du capital social, alors cette entreprise devrait investir. On peut voir le prix d'une action comme le reflet de l'estimation, faite par le marché, du capital de l'entreprise ; par conséquent, si ce prix est élevé par rapport au coût de l'installation du capital supplémentaire, l'entreprise devrait procéder à la mise de fonds. Le Q de Tobin correspond à la valeur marchande totale de l'entreprise divisée par le coût qu'entraîne le remplacement de son capital social. Lorsque Q est élevé, l'investissement devrait être élevé lui aussi ; de manière plus spécifique, lorsque Q est supérieur à 1, l'entreprise est « surévaluée » car sa valeur marchande est plus élevée que le coût de remplacement de son capital ; cela l'encourage par conséquent à investir dans davantage de capital.

$$\text{Ratio Q} = \frac{\text{Valeur marchande totale de l'entreprise}}{\text{Valeur totale du capital}}$$

L'efficience du marché financier

Selon la théorie de l'efficience du marché financier, le prix d'un titre, ou de tout autre bien, devrait laisser apparaître toutes les données qui ont permis de procéder à son estimation (voir page 118). L'hypothèse de l'efficience du marché financier suggère qu'il est par conséquent impossible, pour un investisseur, de « battre » systématiquement le marché. En fait, si les marchés financiers sont réellement efficients, il est en principe possible d'investir dans une gamme de titres choisis au hasard. Les investisseurs surveillent en permanence les aléas des entreprises et sont attentifs aux nouvelles informations qui pourraient toucher leurs valeurs. Ils gagnent de l'argent en achetant les actions d'entreprises sous-estimées et en vendant celles d'entreprises surestimées. L'efficience du marché suppose que le prix aligne l'offre sur la demande: le nombre de ceux qui veulent acheter un titre à un prix déterminé devrait être, en principe, identique au nombre de ceux qui veulent vendre ce même titre. Par conséquent, le cours d'une action est toujours un indicateur fiable de la santé d'une entreprise. Cette théorie est cependant mise en doute par le fait que les marchés semblent souvent réagir de manière irrationnelle, lorsqu'on observe par exemple des comportements grégaires qui favorisent l'émergence de bulles spéculatives puis d'effondrements. Les crises récentes ont montré que les marchés ne prenaient pas forcément en compte de manière efficiente tous les flux d'informations.

Réactions efficientes et inefficientes des marchés

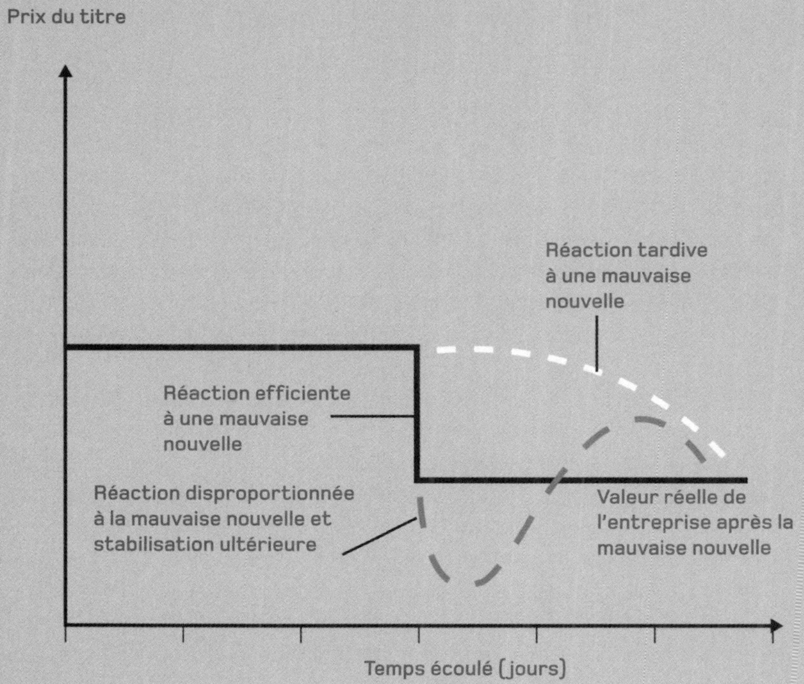

Les crises financières

Il existe toutes sortes de crises financières. La récente crise globale a vu le retour d'une idée avancée dans les années 1960 par Hyman Minsky, pour qui la stabilité économique finit toujours par engendrer l'instabilité puis la crise. Avec la croissance économique durable vient la confiance en l'avenir: les gens empruntent de l'argent et investissent dans des capitaux tels que des maisons, et si leur confiance augmente, ils seront plus disposés à prendre des risques; ils peuvent par exemple souscrire des prêts plus importants et ne rembourser que l'intérêt lorsqu'ils estiment que la valeur de leurs capitaux va augmenter.

Dans la période qui a immédiatement précédé la crise de 2008, des prêts généreux ont été alimentés par le marché émergent des valeurs mobilières basé sur l'hypothèque. En conséquence, des prêts ont été accordés à un grand nombre d'acheteurs de maisons qui risquaient fort de se retrouver en défaut de paiement. Finalement, la confiance généralisée a mené à l'instabilité (ce qu'on appelle « un moment Minsky »). Lorsque le marché nord-américain de l'immobilier a entamé son déclin, beaucoup d'emprunteurs n'ont pas été en mesure d'effectuer leurs remboursements; les prêteurs ont accumulé des dettes énormes, ce qui a déclenché la crise.

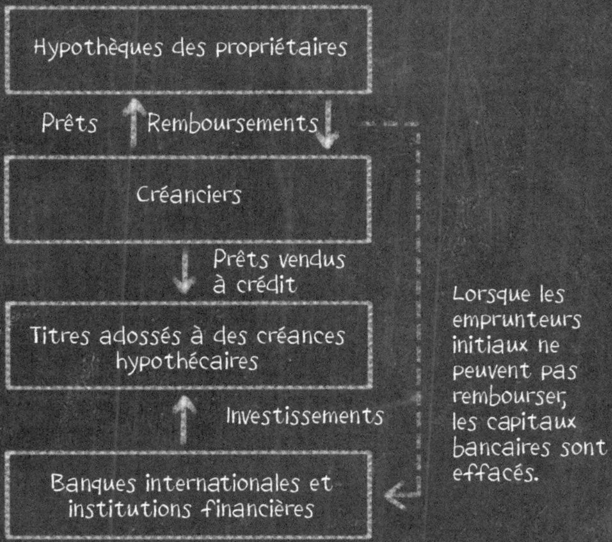

Les circonstances qui ont mené à la crise financière de 2008

Le resserrement du crédit

Le crédit alimente l'activité économique : les entreprises doivent emprunter afin d'investir dans des usines ou de rechercher de nouveaux produits ; les personnes souscrivent des prêts pour acheter des maisons ou financer des études. Par conséquent, lorsque le crédit s'étrangle, l'économie étouffe. Pendant un resserrement du crédit, l'offre de prêts se contracte : il y a à la fois moins de crédit disponible et des conditions plus strictes pour y accéder.

Les resserrements de crédit se produisent souvent à la suite de certaines défaillances du marché. Par exemple, au début de la crise économique récente de 2008, les institutions financières ont compris que des prêts avaient été accordés à des acheteurs de maisons sur la base d'analyses fragmentaires de leur solvabilité, qui, dans bien des cas, s'est avérée sans provision. Afin de réduire les risques, elles ont immédiatement commencé à restreindre l'accès au crédit chez les emprunteurs. Cette réaction s'explique en grande partie par ce qu'on appelle des « défaillances de l'information » : lorsqu'il devient clair qu'on ne dispose pas d'assez d'informations sur les risques réels attachés à la capacité de prêt d'une banque, la réaction consécutive peut consister à passer d'une politique de crédit libérale à une politique de crédit conservatrice.

Les bulles spéculatives

Semblables à une bulle, les prix des capitaux tels que les titres ou les propriétés peuvent parfois donner l'impression d'augmenter sans fin. Si les prix grimpent, c'est souvent pour une bonne raison mais, pendant l'existence d'une bulle spéculative, ils le font jusqu'à dépasser la valeur essentielle d'un capital. Les bulles spéculatives sont un exemple d'irrationalité économique : les gens cessent de prendre des décisions fondées sur la valeur authentique d'un capital pour se mettre à suivre le troupeau. Ils achètent des biens (de la technologie de pointe au début du XXIe siècle, des tulipes au XVIIe) uniquement parce qu'ils voient les autres le faire ; ils s'imaginent que, par la suite, ils pourront les revendre à un prix plus élevé.

Au départ, cette prophétie est autoréalisante : l'enthousiasme éprouvé pour un bien fait monter son prix et, bien vite, un nombre grandissant d'investisseurs s'agglomèrent en une frénésie d'achat, ce qui a pour conséquence un prix sans cesse en inflation. Au final, cependant, ce mécanisme s'enraye et le marché s'effondre. Les gens semblent croire que les prix ne s'arrêteront jamais de grimper ou en tout cas qu'il leur sera possible, au bout du compte, de revendre leur capital à quelqu'un qui ne sera *pas* capable de prévoir l'éclatement de la bulle spéculative.

Pendant la « tulipomanie » néerlandaise du XVIIe siècle, le prix de certaines fleurs dépassa les revenus annuels de beaucoup d'ouvriers.

Le financement des entreprises

Traditionnellement, une entreprise peut récolter de l'argent par le biais de l'emprunt ou de la vente d'actions (capitaux propres). Le théorème de Modigliani-Miller pose que la façon dont une entreprise trouve son financement n'a aucune incidence sur sa valeur. Lorsque les marchés sont efficients et les investisseurs rationnels, la seule chose qui importe, c'est le profit dégagé par une entreprise ; c'est ce profit, et lui seul, qui lui confère sa valeur.

Un des auteurs du théorème a expliqué cela en comparant une entreprise à une cuve de lait entier. L'exploitant qui produit le lait pourrait vendre celui-ci (ce qui correspondrait à un financement de capitaux propres). Sinon, il pourrait également l'écrémer et vendre les matières grasses à un prix plus élevé (ce qui revient, pour l'entreprise, à se financer par le biais de l'emprunt). Cependant, tout comme le fait de retirer les matières grasses du lait entier laisse un lait écrémé de moindre valeur, l'emprunt rend moins attrayantes les actions de l'entreprise et, de ce fait, retarde les gains que celle-ci pourrait réaliser. De la même manière que l'exploitant décide de distinguer le lait entier du lait écrémé, l'entreprise procède exactement à l'identique quelle que soit la combinaison de dette et de capitaux propres qu'elle aura décidée.

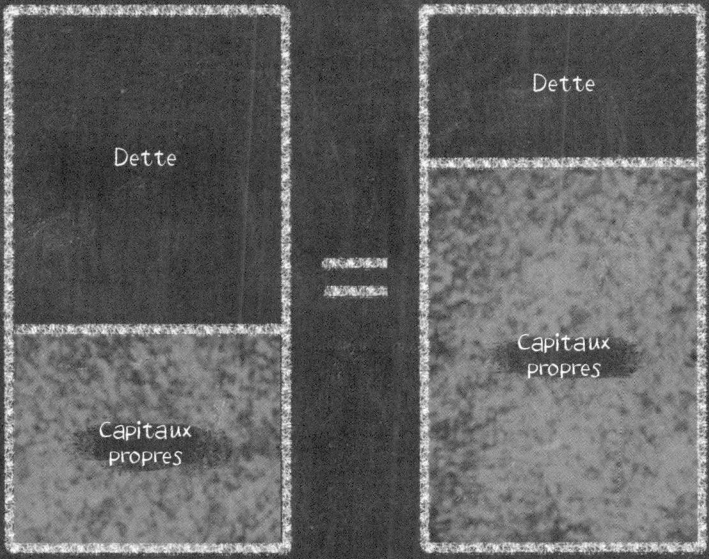
Dette
Capitaux propres
Dette
Capitaux propres

La prévision

Les prévisionnistes économiques élaborent des modèles mathématiques de l'économie. Les modèles sont constitués d'un grand nombre d'équations; chacune d'elles décrit un aspect de l'économie: par exemple, il pourrait exister une équation qui mettrait en évidence le lien entre les mouvements des taux d'intérêt et les investissements réalisés par les entreprises. Prises ensemble, ces équations peuvent alors être utilisées pour prédire les tendances futures de l'économie à partir de son état actuel.

Les prévisions sont importantes pour les marchés financiers; ceux qui y prennent part s'en servent comme guides dans leurs stratégies d'investissements. Un élément important des prévisions est l'usage qu'on fera des indicateurs de premier plan, c'est-à-dire des variables en général annonciatrices de changements majeurs au sein de l'économie. Par exemple, des mouvements au niveau des places boursières annoncent souvent la direction que va prendre l'économie dans son ensemble. Cependant, faire des prévisions qui se vérifieront est une tâche chargée de difficultés car l'économie est si complexe qu'il est ardu d'en construire un modèle exhaustif et valable en toutes circonstances; il faut procéder à des hypothèses simplificatrices qui entraînent souvent des erreurs dans les prévisions.

L'existence des entreprises

Ces dernières années, les entreprises ont eu tendance à sous-traiter un grand nombre de leurs fonctions. L'évaluation des produits peut être confiée à un laboratoire indépendant alors qu'auparavant, l'entreprise s'en chargeait elle-même. Que se passerait-il si cela se poursuivait jusqu'à ce que *toutes* les activités fassent l'objet d'une sous-traitance ? L'entreprise en question aurait-elle encore une raison d'être ? Les économistes ont tenté de répondre à cette question en ayant recours à la notion de « coûts de transaction ».

Acheter une pomme est simple: les personnes engagées dans cette transaction n'ont besoin ni d'informations complexes ni de prendre en compte beaucoup d'inconnues; il en résulte que les coûts de transaction sont peu élevés. Mais beaucoup d'autres relations économiques se poursuivent dans le temps. Elles sont bien plus complexes et s'entretiennent dans des environnements marqués par l'incertitude; elles peuvent alors induire des coûts de transaction élevés. Les employés des entreprises effectuent des tâches complexes susceptibles de changer, au fil du temps, de manière imprévue: comme il est probablement impossible de préciser tout cela à une tierce personne dans le cadre d'un contrat de sous-traitance, il est peut-être plus sage que certaines activités de production restent organisées sous la forme d'entreprises.

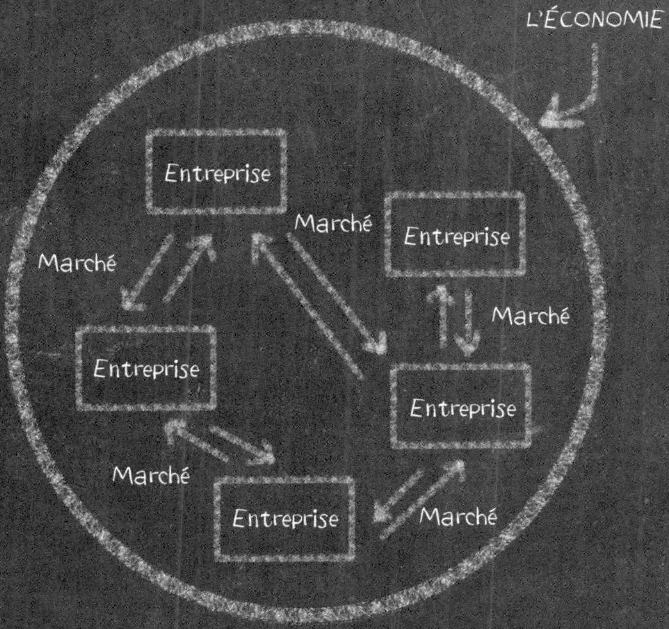
L'ÉCONOMIE
Entreprise
Marché
Entreprise
Marché
Marché
Entreprise
Entreprise
Marché
Entreprise
Marché

La maximisation du profit

Les économistes considèrent les entreprises comme des maximisateurs de profits. Les décisions que celles-ci prennent sur la quantité de production, le nombre d'employés à embaucher, auprès de qui acheter les matières premières, ont toutes pour objectif la maximisation des profits, c'est-à-dire la différence entre les revenus et les coûts totaux. Cela peut paraître évident, mais ce n'est pas la seule visée qui puisse influer sur une entreprise. Par exemple, un directeur peut très bien envisager d'accroître la taille de l'entreprise afin d'accroître son revenu; les profits, néanmoins, ne s'en trouveront pas nécessairement maximisés si les coûts totaux augmentent de manière sensible.

Lorsque les entreprises fixent leur production dans le but de maximiser leurs profits, elles se livrent à des calculs du coût marginal; en d'autres termes, elles comparent le revenu supplémentaire et le coût supplémentaire sur un organe de sortie de plus. Supposons que le « revenu marginal » d'une entreprise de confection de vêtements, pour avoir produit une chemise de plus, soit de 10 € tandis que le « coût marginal » est de 7 €. L'entreprise confectionnera la chemise supplémentaire parce que celle-ci ajoute plus au revenu qu'aux dépenses; les profits de l'entreprise s'en trouveront accrus. L'entreprise continuera de produire jusqu'à ce que le revenu marginal, engendré par la confection d'une chemise supplémentaire, soit égal au coût marginal engagé pour confectionner celle-ci. L'entreprise se situe alors à un niveau de production où les profits sont maximisés.

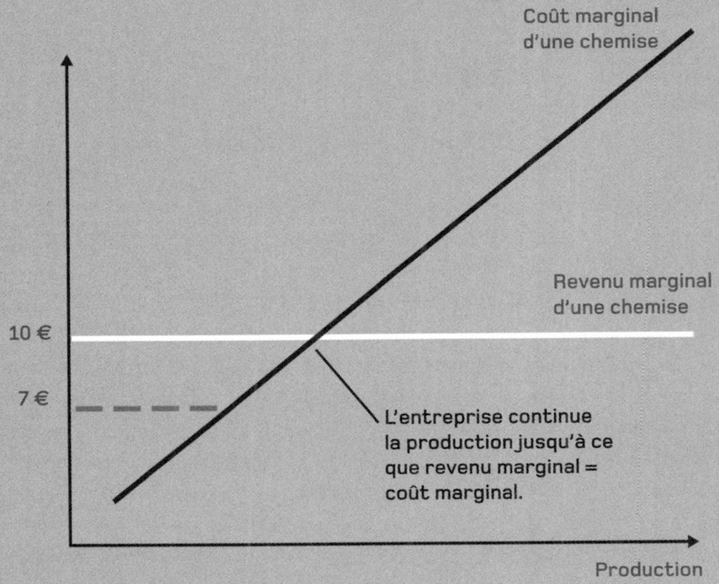
Coût marginal
d'une chemise
Revenu marginal
d'une chemise
10 €
7 €
L'entreprise continue
la production jusqu'à ce
que revenu marginal =
coût marginal.
Production

La gestion et le contrôle des entreprises

Les récentes polémiques au sujet des primes au rendement et du salaire des cadres ne sont qu'une facette du débat plus large sur la façon de gérer les entreprises. Avec l'avènement des corporations modernes, la possession et la gestion des entreprises ont été scindées : les actionnaires sont devenus les propriétaires des entreprises mais celles-ci sont dirigées par des professionnels de la gestion ; cependant, les buts des uns ne coïncident pas nécessairement avec ceux des autres. Les actionnaires cherchent l'obtention de profits élevés, puisque cela accroît leur richesse, tandis que les gestionnaires salariés s'intéressent peut-être moins aux profits de l'entreprise dans son ensemble qu'à leur paie et à leurs à-côtés.

Dans ce cas, la question qui se pose est de savoir comment les actionnaires contrôleront au mieux les dirigeants afin que ces derniers augmentent la valeur de l'entreprise. La chose n'est pas simple, loin de là, surtout lorsque les propriétaires d'une entreprise sont de petits actionnaires qui ne connaissent pas en détail ses opérations au jour le jour. Avec une telle quantité d'actionnaires, il peut être difficile de s'organiser pour réagir aux choix faits par la direction lorsqu'il y a un problème.

Динамика показателей СМАД
после курса ДЭНС-терапии

Les sociétés anonymes par actions et la responsabilité limitée

Une société anonyme, ou corporation, est une entreprise émettrice d'actions qui peuvent être librement échangées sur les places boursières ; elle bénéficie de ce qu'on appelle la « responsabilité limitée ». Si une entreprise de ce type fait faillite, ses créanciers tenteront de récupérer ce qu'elle leur doit mais les propriétaires individuels ne peuvent pas être tenus personnellement responsables des pertes, car ils sont susceptibles de perdre tout ce qu'ils auront investi dans l'entreprise. Les créanciers n'ont aucun droit sur leurs fortunes personnelles. Cela est rendu possible par le fait que, du point de vue juridique, les corporations sont désignées comme « personnes légales » bénéficiaires de droits et soumises à des obligations distincts de ceux spécifiques aux actionnaires.

Supposons que vous déteniez quelques actions dans une entreprise qui a fait faillite, mais sans savoir vraiment de quelle manière elle était dirigée. La responsabilité limitée garantit le principe selon lequel vous ne perdrez pas votre maison à cause d'erreurs qui ont mené l'entreprise à son trépas. Cela diminue les risques lorsqu'on investit dans une entreprise que l'on connaît mal et, par voie de conséquence, cela accroît les occasions de financement du point de vue des entreprises.

Les fonctions de production

Cela peut avoir de quoi surprendre, mais les sciences économiques ont peu de choses à dire sur le fonctionnement des entreprises : elles considèrent en effet celles-ci comme de simples entités qui convertissent une certaine quantité d'apports extérieurs (capital, main-d'œuvre, compétences) en production. La fonction de production est une représentation mathématique de la chose suivante : elle peut indiquer que si une usine de textile possède dix métiers à tisser et fait travailler dix ouvriers, elle produira cent mètres de tissu par jour. Elle indique également ce qui se passe lorsqu'un changement survient au niveau des apports. Par exemple, dans la situation que nous venons d'évoquer, les apports doivent être mis en production selon des proportions fixes : un ouvrier pour un métier à tisser. Si l'usine installe un métier à tisser de plus, elle ne produira davantage que si elle embauche un autre ouvrier pour le faire fonctionner.

D'autres types de production permettent de faire un choix entre le capital et le travail. Par exemple, un agriculteur peut choisir de produire dix tonnes de grain grâce à des tracteurs et quelques conducteurs, ou alors il peut engager un certain nombre d'ouvriers qui travailleront manuellement. La fonction de production décrit par ailleurs ce que deviennent les résultats obtenus lorsque les apports augmentent de manière proportionnelle. Si les apports sont multipliés par deux et si le rendement est multiplié par plus de deux (par exemple parce que l'ampleur permet la spécialisation), alors l'entreprise a des « rendements d'échelle croissants ».

La loi des rendements décroissants

La loi des rendements décroissants dit que l'accroissement de la main-d'œuvre ou du capital sur la production a pour effet de faire baisser celle-ci. Imaginons le cas d'un agriculteur qui n'emploie qu'un seul ouvrier sur son champ. Cet ouvrier, surmené, produit cinquante choux par saison. Par l'ajout d'un deuxième ouvrier, l'agriculteur peut récolter cent cinquante choux. Il continue d'engager des ouvriers jusqu'à ce qu'il en ait une trentaine qui vont produire deux mille choux pour chaque moisson.

Que se passera-t-il au niveau du rendement si on ajoute un ouvrier à cette équipe ? Le rendement peut augmenter, mais ce sera dans une proportion bien moindre que les cent choux supplémentaires obtenus en faisant passer la main-d'œuvre de un à deux ouvriers. Trente ouvriers représentent déjà tellement de main-d'œuvre que l'impact produit par l'arrivée d'un ouvrier supplémentaire ne se fera pas beaucoup sentir. Il peut même venir un moment où il y aura tellement d'ouvriers que ceux-ci vont se gêner mutuellement; dans ce cas, engager une personne de plus diminue en réalité le rendement. Comme dit le proverbe: « Trop de cuisiniers gâtent la sauce. »

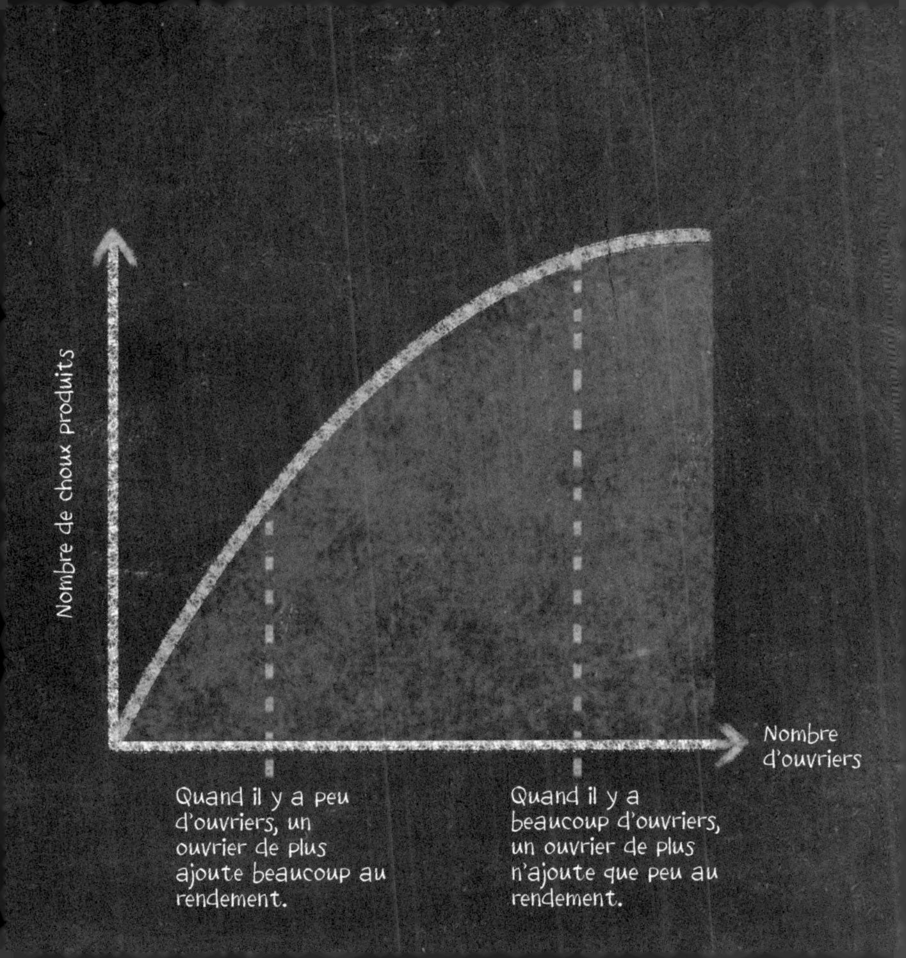
Nombre de choux produits
Nombre d'ouvriers
Quand il y a peu d'ouvriers, un ouvrier de plus ajoute beaucoup au rendement.
Quand il y a beaucoup d'ouvriers, un ouvrier de plus n'ajoute que peu au rendement.

Coût moyen et coût marginal

En économie, une distinction importante est à faire entre taux moyen et taux marginal, par exemple dans le cas du coût moyen par opposition au coût marginal. Supposons qu'un fabricant de meubles produise cent tables pour un coût total de 1 000 €. Le coût moyen de fabrication est alors de 10 €. Néanmoins, le coût d'une table supplémentaire n'est pas nécessairement de 10 €. S'il est supérieur à 10 €, alors la fabrication de la table supplémentaire fera monter le coût moyen. Dans le cas contraire, il le fera baisser. C'est un peu comme le score moyen d'un joueur de football : si, à la prochaine rencontre à laquelle il participera, il marque plus de buts que sa moyenne, son score moyen augmentera.

Il n'est pas rare que le coût marginal de production augmente avec le rendement, car il devient plus difficile de fournir un rendement supplémentaire quand le rendement initial est déjà important. Lorsque l'entreprise pèse le pour et le contre au sujet de la fabrication éventuelle d'une table de plus, elle doit de préférence considérer le coût marginal, et non le coût moyen : si le coût marginal est inférieur au revenu marginal, alors il est financièrement intéressant de produire une table supplémentaire.

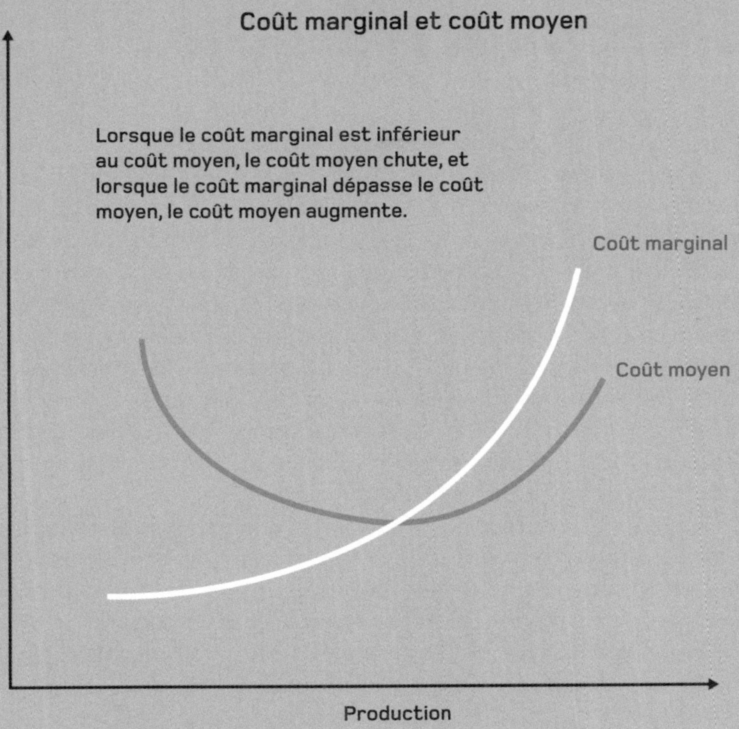
Coût marginal et coût moyen
Lorsque le coût marginal est inférieur au coût moyen, le coût moyen chute, et lorsque le coût marginal dépasse le coût moyen, le coût moyen augmente.
Coût marginal
Coût moyen
Production

L'économie d'échelle

Plus un constructeur automobile produit de voitures, plus le coût moyen de production pour chaque véhicule est susceptible de connaître des variations. Une production croissante, initiée à des niveaux bas, fait que le coût moyen par unité va chuter ; ce phénomène a pour nom une « économie d'échelle ». Pourquoi en est-il ainsi ? La production automobile possède une intensité capitalistique élevée qui requiert un investissement initial fort en usine et en machines. Lorsque plus de voitures sont produites, ces coûts fixes s'étendent sur un plus grand rendement. Afin d'utiliser ses lignes de montage, l'entreprise a également besoin d'ouvriers spécialisés dans l'exécution de tâches particulières, car cela augmente le rendement et fait baisser les coûts moyens lorsque la production est élevée.

Il est également possible que les coûts de production augmentent plutôt qu'ils ne baissent, quand bien même le rendement augmenterait de son côté. Ce cas de figure survient quand l'entreprise produit tellement de voitures qu'il lui devient difficile de coordonner ses différentes unités. Il se peut que différents secteurs ne soient pas au courant de ce que font les autres, ce qui peut avoir pour conséquence une duplication inutile de l'effort. Une telle situation favorise l'émergence de ce qu'on appelle une « déséconomie d'échelle ».

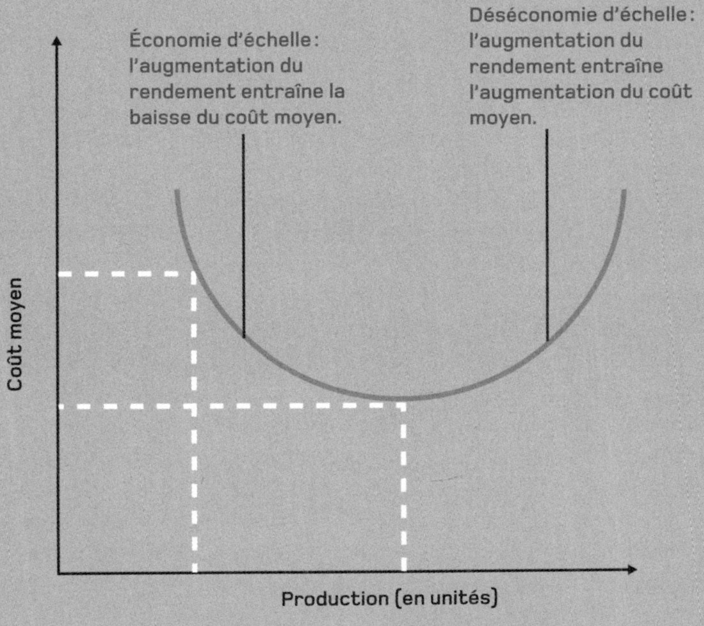
Économie d'échelle : l'augmentation du rendement entraîne la baisse du coût moyen.
Déséconomie d'échelle : l'augmentation du rendement entraîne l'augmentation du coût moyen.
Coût moyen
Production (en unités)

Les coûts irrécupérables

Dans toute situation économique, de nombreux coûts peuvent être considérés comme « irrécupérables »: une fois qu'ils ont été subis, il n'est pas possible de les récupérer. Supposons que Paul réserve une place de théâtre. Lorsqu'il arrive quelques minutes avant le début de la représentation, il se rend compte que la pièce est *Huis clos*, qui n'est pas une de ses œuvres préférées. Il est trop tard pour qu'il se fasse rembourser et comme il a dépensé 30 € pour avoir une place, il décide d'aller voir la pièce malgré tout. Cependant, les 30 € dépensés par Paul sont un coût irrécupérable: il les aura payés, qu'il aille ou non à la représentation; par conséquent, il est préférable pour lui de faire une croix dessus et de décider de ce qu'il a plutôt envie de faire à présent, même si cela signifie rentrer chez lui pour regarder la télévision.

De la même façon, les coûts irrécupérables ne devraient pas toucher la quantité qu'une entreprise produit sur l'instant. Le propriétaire d'une piscine subit des coûts irrécupérables: le coût du terrain, la construction de la piscine en tant que telle, etc. Par temps froid, il n'y aura peut-être qu'une poignée de baigneurs, mais cela peut valoir la peine malgré tout d'ouvrir la piscine dans la mesure où les coûts les plus élevés sont irrécupérables; même si, alors, il ne vient qu'un petit nombre de clients, le propriétaire pourra néanmoins réaliser quelques profits.

La division du travail

Un homme qui produirait à lui seul une épingle devrait maîtriser un certain nombre de phases de sa fabrication : ajuster le métal, aiguiser la pointe, attacher la tête, etc. Comme l'a fait remarquer Adam Smith, il ne parviendrait probablement pas à fabriquer beaucoup d'épingles en une journée. Cependant, si ce travail était divisé en tâches spécialisées que différents ouvriers effectueraient, alors une division du travail serait créée : un ouvrier ajusterait le métal, un autre aiguiserait la pointe, un autre encore attacherait la tête. Chaque ouvrier serait ainsi spécialisé dans son travail et un plus grand nombre d'épingles seraient produites que dans une situation où le même nombre d'ouvriers exécuteraient chacun toutes les tâches de la fabrication.

La division du travail est un facteur important d'amélioration de la productivité. Adam Smith estimait que cette division est ce qui assure la croissance des économies lorsque les marchés se développent et que les entreprises se spécialisent dans la production de biens spécifiques. De nos jours, la division du travail et l'approche dite « de la chaîne de production » s'étendent tous azimuts car les producteurs externalisent la fabrication de composants à des entreprises situées à l'étranger.

La concurrence pure et parfaite

Un marché parfaitement compétitif a tellement d'acheteurs et de vendeurs qu'aucun d'eux ne peut exercer d'influence sur les prix. Sur ce genre de marché, tout le monde vend exactement le même bien, par exemple une marchandise comme du blé ou du sel. Si j'achète du blé, alors le fait qu'il y ait tant d'acheteurs rend mon achat semblable à une goutte dans l'océan global des ventes ; il n'aura par conséquent aucune influence sur le prix. Si un vendeur augmente son tarif, personne ne lui achètera rien, et si un acheteur tente de payer moins que le tarif en usage, le vendeur traitera avec un autre client. Vendeurs et acheteurs sont par conséquent des « preneurs de prix ».

Un autre critère nécessaire à l'obtention d'une concurrence parfaite est que chaque entreprise puisse faire son entrée sur le marché pour rivaliser avec des entreprises déjà existantes ; par exemple, il ne doit y avoir aucune restriction légale ni de prérequis technologiques décourageants qui bloqueraient l'arrivée d'une entreprise sur le marché. La théorie économique affirme que des marchés parfaitement compétitifs favorisent une utilisation efficiente des ressources mais, bien sûr, beaucoup de marchés ne parviennent pas à atteindre cet idéal du fait de l'existence de monopoles ou d'importantes barrières à l'entrée.

Les monopoles

Lorsque, sur un marché, il y a beaucoup d'entreprises, celles-ci sont en concurrence les unes avec les autres et maintiennent les prix à un niveau bas. Supposons que les prix et les profits soient particulièrement élevés au sein d'une industrie particulière. Cela est susceptible d'attirer de nouvelles entreprises désireuses de faire leur entrée sur ce marché et d'exercer une concurrence au niveau des prix. Un monopole représente le cas de figure inverse : il s'agit alors d'une seule entreprise qui contrôle l'intégralité d'un marché.

Un monopole peut voir le jour lorsque d'importantes barrières à l'entrée sont érigées, barrières technologiques ou juridiques qui vont dissuader les concurrents potentiels. Parce que le monopole contrôle tout le marché, il est à même de fixer le prix d'un bien ou sa quantité fournie. Selon la théorie économique, les détenteurs de monopoles restreignent la production de ce qui pourrait être produit dans un marché compétitif, ce qui entraîne une hausse des prix et des profits plus importants. Les économistes ont tendance à émettre des critiques à l'encontre des monopoles parce que les consommateurs, dans ce système, sont perdants, contrairement à ce qui se passe lorsque, dans un marché compétitif, la production est plus élevée. Cela justifie en partie la mise en place de la politique de concurrence dont l'objectif est de limiter la constitution de monopoles.

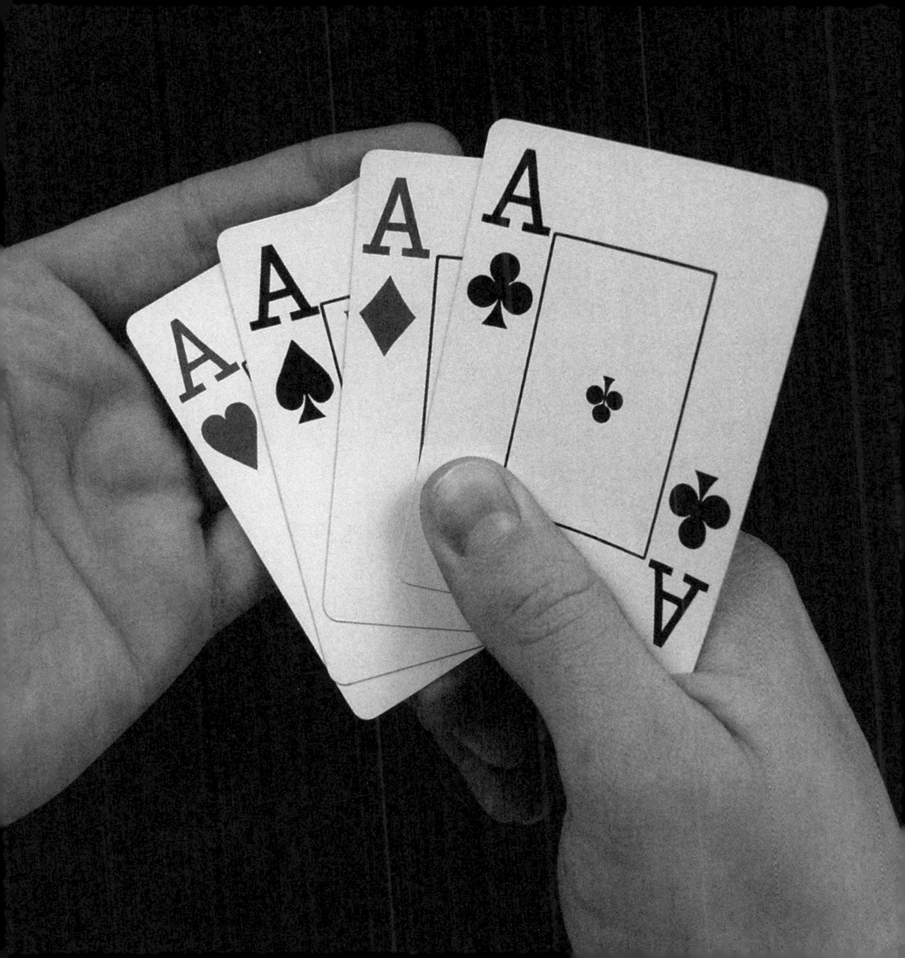

Les monopoles naturels

Certains biens ont une tendance naturelle à être fournis par les monopoles ; il s'agit en règle générale de biens dont les coûts moyens de production baissent au fur et à mesure que leur production s'accroît. La distribution d'électricité est un exemple de monopole naturel : la mise en service d'un réseau de distribution (câblage souterrain, pylônes, etc.) revient très cher et, à cause du coût initial élevé, plus la livraison de courant électrique est forte, plus bas sera son coût moyen. Cela veut dire qu'une seule entreprise qui dirige un réseau électrique est bien plus rentable que deux entreprises concurrentes qui disposeraient chacune de son propre réseau de distribution.

L'économie d'échelle fait que peu de concurrents s'implanteront, de leur propre volonté, sur ce type de marché. Par ailleurs, la scission d'un monopole naturel en entreprises concurrentes pourrait s'avérer inefficiente. Cependant, la force des monopoles permet à ceux-ci de faire monter les prix ; par conséquent, les États ont un rôle important à jouer dans la limitation tarifaire, surtout en ce qui concerne les fournisseurs de services publics. C'est pourquoi la plupart des États ont tendance à réglementer les monopoles naturels plutôt qu'à y mettre un terme.

Les oligopoles

Lorsqu'il existe beaucoup d'entreprises pour un marché donné, la concurrence fait que les prix restent peu élevés, tandis qu'avec un monopole, la production a tendance à être plus basse et les prix plus élevés. Qu'en est-il, cependant, du cas intermédiaire que représente un « oligopole », avec son petit nombre d'entreprises ? Dans le modèle de « la concurrence pure et parfaite », il y a tellement d'entreprises qu'aucune d'elles ne peut avoir d'incidence sur les prix, car les entreprises produisent sur la base du prix de marché et ne se préoccupent pas vraiment de la concurrence. Les oligopoles, en revanche, se trouvent dans une situation d'interaction stratégique : les choix faits par chacune des entreprises ont une répercussion sur les prix et les profits réalisés par les autres. Par conséquent, lorsqu'elles doivent prendre des décisions qui concernent les prix et le rendement, les entreprises doivent avant toute chose tenter d'anticiper les réactions de leurs concurrents.

L'économiste français Antoine Cournot a analysé le cas de deux entreprises rivales qui interagissaient en déterminant leur production respective sur la base d'une estimation approximative de ce que produisait l'autre. Cournot a montré que le rendement combiné des deux entreprises serait plus élevé que celui que générerait un monopole, mais aussi qu'il serait plus bas que dans un marché de concurrence pure et parfaite. En d'autres termes, un peu de concurrence vaut mieux que pas de concurrence du tout.

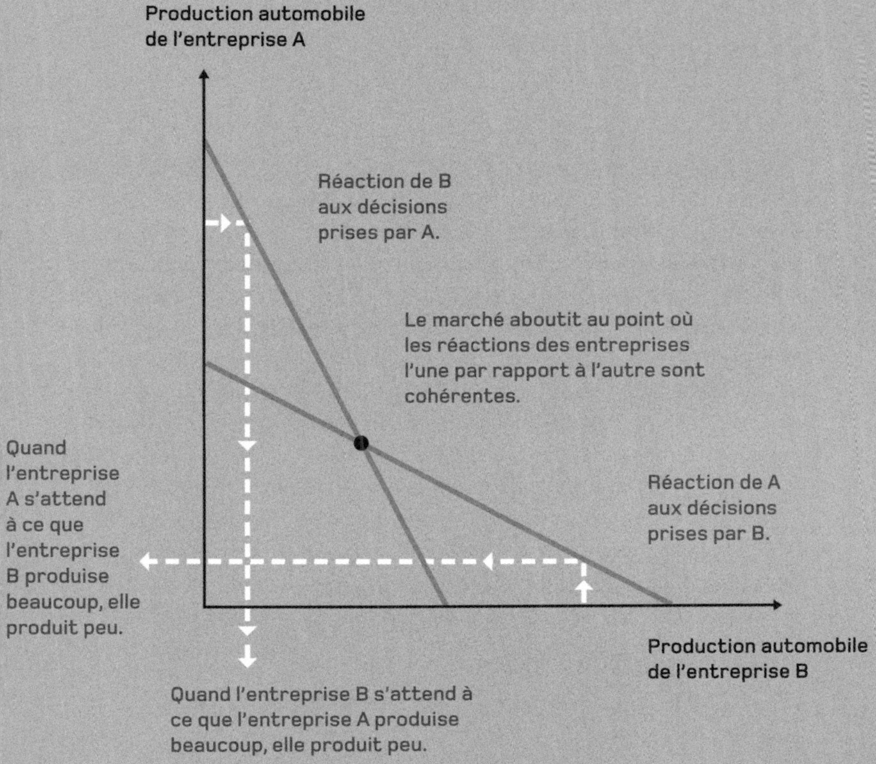

Production automobile de l'entreprise A
Réaction de B aux décisions prises par A.
Le marché aboutit au point où les réactions des entreprises l'une par rapport à l'autre sont cohérentes.
Quand l'entreprise A s'attend à ce que l'entreprise B produise beaucoup, elle produit peu.
Réaction de A aux décisions prises par B.
Production automobile de l'entreprise B
Quand l'entreprise B s'attend à ce que l'entreprise A produise beaucoup, elle produit peu.

La concurrence monopolistique

De nombreuses entreprises vendent des savonnettes. Chaque marque est légèrement différente des autres mais leur fait concurrence malgré tout: tel est le cœur de la concurrence monopolistique. Un consommateur typique préférera une marque précise de savonnette et sera prêt à payer davantage pour l'obtenir, ce qui confère au fabricant de cette marque un certain pouvoir de marché. En effet, son entreprise peut augmenter légèrement le prix de sa savonnette sans pour autant perdre tous ses clients. Cependant, un tel pouvoir de marché a ses limites. Bien que la marque en question ait des caractéristiques uniques, elle n'en est pas moins en concurrence avec d'autres. Si l'entreprise augmente trop ses prix, les acheteurs se tourneront vers les autres marques.

Par conséquent, la concurrence monopolistique est un hybride de monopole et de concurrence. Ces entreprises détiennent un pouvoir de marché et ne font donc pas payer les prix bas lorsque beaucoup d'autres compagnies vendent un produit identique au leur. Néanmoins, le fait qu'elles soient en concurrence les empêche de faire payer les prix élevés comme le ferait un monopole. Des marchés de ce type offrent également une diversité des produits, ce qu'apprécient les consommateurs.

Au sein de la concurrence monopolistique, les entreprises produisent lorsque le coût moyen est égal au revenu moyen, alors que l'arrivée de nouvelles entreprises crée une concurrence sur les profits.

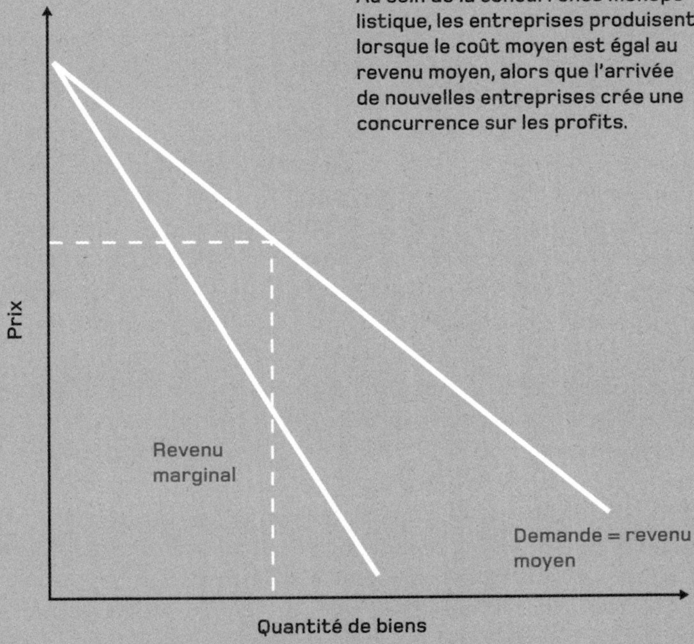

Les cartels

Dans les marchés compétitifs, les entreprises sont en concurrence les unes avec les autres afin de réaliser les meilleures affaires, et elles proposent des prix peu élevés. À l'inverse, les monopoles produisent moins, font payer plus cher et réalisent davantage de profits. Que se passerait-il alors si des entreprises concurrentes se liguaient pour agir comme un monopoleur ? Un regroupement de ce genre porte le nom des « cartel ». Si les membres du cartel restreignent l'offre afin que les prix restent élevés, alors tous peuvent réaliser de plus grands profits. Dans beaucoup de pays, de telles dispositions sont illégales. Cependant, certains cartels prennent une dimension internationale, par exemple l'OPEP (Organisation des pays exportateurs de pétrole) qui est un cartel de premier plan formé, au cours des années 1960, par des pays producteurs de pétrole.

Les cartels sont confrontés à un problème « d'action collective ». Supposons que les pays de l'OPEP stimulent le prix du pétrole en en restreignant la production. Un producteur de pétrole *indépendant*, par exemple le Venezuela, dispose alors d'une perspective de gains qui va l'inciter à produire un peu plus de pétrole qu'il vendra plus cher. Si le Venezuela se retrouve devant cette perspective, il en ira de même pour les autres pays, mais si tous accroissent leur production, les prix chuteront et ils se couperont l'herbe sous le pied par rapport à leur objectif initial. C'est pour cette raison que les cartels sont sujets à l'instabilité.

La discrimination par les prix

Une entreprise vend des rasoirs à 6 € le sachet; les clients diffèrent beaucoup les uns des autres: il y a ceux qui veulent un rasage de près et sont disposés à lâcher 7 €, tandis que pour d'autres, 6 € est la somme maximale qu'ils acceptent de payer. Existe-t-il, au niveau de l'entreprise, un moyen d'établir une distinction entre ces deux types de consommateurs de façon à ce que ceux-ci paient des prix différents ? Si l'entreprise pouvait faire payer 7 € aux hommes qui veulent un rasage de près et 6 € aux autres, elle accroîtrait alors ses profits.

Cette sorte de « discrimination par les prix » peut être difficile à pratiquer, car même si l'entreprise est capable de faire la distinction entre les groupes, les hommes les moins méticuleux peuvent très bien acheter les rasoirs à 6 €, puis revendre ceux-ci aux hommes rasés de près pour 6,99 €. Par conséquent, une discrimination par les prix réussie nécessite que les différents groupes de clients soient identifiés *et cloisonnés* de façon à ce qu'un groupe ne puisse pas revendre le bien. Les tarifs étudiants et seniors pratiqués chez les coiffeurs en sont un autre exemple: le statut d'une concession indique qu'une personne aura peut-être moins envie de payer que la moyenne, mais un service comme une coupe de cheveux ne peut pas être revendu.

La prédation

On dit que le pouvoir de marché d'un monopoleur est indésirable parce qu'il mène à la hausse des prix. Mais le pouvoir de marché peut également s'exercer à travers les réductions de prix. Certains affirment que des « prix prédateurs » sont une pratique anticoncurrentielle et que les autorités de concurrence devraient l'empêcher. Supposons que Trace Car soit la seule compagnie de cars qui relie Paris à Montluçon et qui, de ce fait, va réaliser des profits substantiels grâce à ce monopole. Ayant considéré qu'il y avait un moyen de gagner de l'argent, la compagnie Atout Blinde lance sa propre ligne Paris-Montluçon. Trace Car réagit par la réduction de ses tarifs afin d'expulser Atout Blinde du marché. Dans un contexte de concurrence saine, le prix du billet chuterait de toute façon, mais la stratégie de prix prédateur élaborée par Trace Car va plus loin que cela puisqu'ils sacrifient les prix en les abaissant en dessous du niveau concurrentiel. En fait, Trace Car fait en sorte que les prix se situent en dessous des coûts et espère récupérer leurs pertes sur de futurs profits monopolistiques. Trace Car fait le pari (calculé) qu'Atout Blinde aimera mieux se retirer du marché plutôt qu'essuyer les pertes nécessaires au maintien d'une concurrence de leur part. Distinguer la concurrence de la prédation est loin d'être évident. De plus, il n'est pas facile de savoir à l'avance quand la stratégie de prédation aura des chances de réussir, car le prédateur lui-même peut être amené à subir de lourdes pertes.

Les barrières à l'entrée et les marchés contestables

Pour qu'un monopole ou un petit nombre d'entreprises dominantes maintiennent leurs profits sur le long terme, il faut ériger des barrières devant la nouvelle concurrence qui désire s'implanter sur le marché avec ses prix inférieurs. De telles barrières sont souvent inhérentes à certains types de production. Par exemple, une entrée sur des marchés qui nécessitent des mises de fonds énormes ainsi qu'une vaste échelle de production afin de payer celles-ci peut s'avérer difficile. La production de certains biens peut requérir l'accès à une technologie spécialisée qui ne sera pas gratuit et qu'un brevet protégera peut-être (voir page 176). Parfois, des entreprises toujours en activité ont bâti une telle fidélité à la marque et une telle réputation qu'il est difficile pour des nouveaux venus de leur faire concurrence.

Les barrières à l'entrée peuvent également revêtir un aspect légal : les États peuvent conférer à certaines entreprises le droit exclusif de fournir certains biens et services. Lorsqu'il n'existe pas de barrières, les entreprises peuvent facilement faire leur entrée sur les marchés. Il peut arriver que la seule menace que représente l'arrivée d'une nouvelle entreprise pousse des entreprises déjà bien implantées à imposer des prix plus compétitifs : on dit alors que de tels marchés sont contestables.

Les brevets

Les brevets accordent à leurs inventeurs des droits exclusifs à l'utilisation de nouvelles technologies. D'habitude, les économistes estiment que de telles situations monopolistiques sont une mauvaise chose, car elles entraînent une hausse des prix dont souffrent les consommateurs. La logique économique du brevet, cependant, trouve sa justification dans le fait que les inventions ont de larges retombées. Supposons qu'une entreprise invente un nouveau type d'emballage pour mieux conserver la nourriture. La nouvelle se répand et les autres entreprises se mettent rapidement à utiliser des emballages similaires. L'invention originelle génère des bénéfices qui finissent par s'étendre à d'autres entreprises, et le bénéfice de cet emballage, au niveau social pris au sens large, est plus important que le bénéfice accumulé par l'entreprise qui en a la paternité. Ce que cela implique, c'est qu'en l'absence d'encouragements, trop peu d'inventions nouvelles verront le jour par rapport au potentiel élevé que représenteraient leurs gains sociaux. En faisant en sorte que les nouvelles inventions soient la propriété de leurs inventeurs, les brevets ont pour effet d'encourager fortement les entreprises à développer de nouvelles technologies. Si des entreprises concurrentes souhaitent obtenir l'usage immédiat d'une technologie, elles doivent payer l'inventeur mais, au bout d'une certaine période, l'invention sera libre de droits et pourra être utilisée gratuitement.

L'impôt sur les sociétés

La fiscalité des entreprises est souvent ce qui permet à des politiciens de remporter une élection : il semble en effet plus juste et moins douloureux d'imposer lourdement de grandes et impersonnelles sociétés plutôt que des salariés qui se démènent pour subvenir aux besoins de leurs familles. Mais cette idée en apparence convaincante part d'un principe qui, en réalité, n'est pas toujours valable. Parfois appelée de façon désobligeante « la théorie du papier tue-mouches », elle affirme que telle une mouche qui se pose sur un papier collant, la charge des impôts « colle » où qu'elle soit appliquée.

Officiellement, une société paie ses propres impôts mais, de fait, les paie-t-elle « vraiment » ? Prenons le cas d'un impôt sur une compagnie aérienne. Il entame les profits de cette entreprise qui réagira peut-être en augmentant le prix des billets ; au final, ce sont les consommateurs qui paient la facture. L'impôt diminue les retours potentiels générés par les investissements, ce qui fait que l'entreprise ne développe pas sa flotte autant qu'elle l'aurait souhaité. Elle propose moins de vols, ce qui cause une nouvelle augmentation des tarifs et le licenciement d'une partie de ses employés. Ce que nous voyons ici, c'est un exemple de répercussion des taxes sur l'économie, avec toutes sortes de conséquences imprévues.

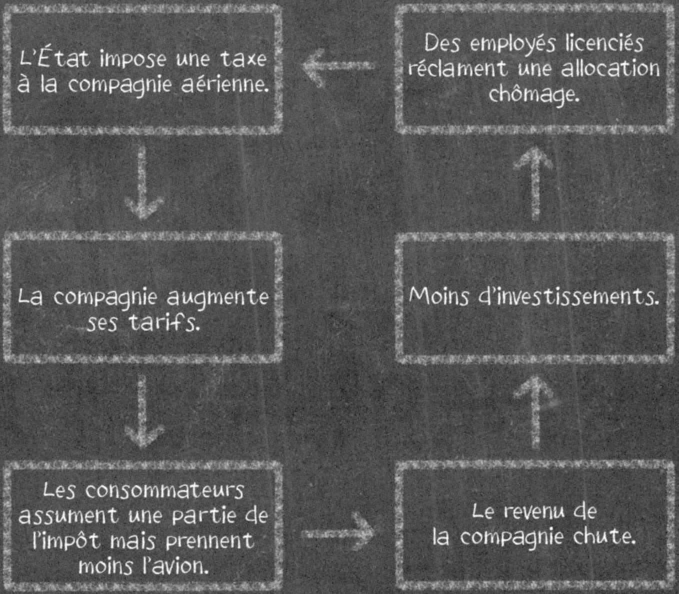
L'État impose une taxe à la compagnie aérienne.
La compagnie augmente ses tarifs.
Les consommateurs assument une partie de l'impôt mais prennent moins l'avion.
Le revenu de la compagnie chute.
Moins d'investissements.
Des employés licenciés réclament une allocation chômage.

La publicité

La publicité est une caractéristique omniprésente des économies au sein desquelles des marques en quantités énormes sont proposées à de nombreux consommateurs. Quelle est sa fonction ? Dans un grand nombre de théories économiques, les consommateurs sont censés posséder toutes les informations dont ils ont besoin. En réalité, cependant, ils doivent être avisés des prix des biens, de leurs différentes caractéristiques, et même des endroits où ils peuvent les acheter. La publicité les renseigne sur tout cela. Lorsque des consommateurs prennent des décisions éclairées, les marchés économiques fonctionnent correctement, car les entreprises sont en concurrence les unes avec les autres et les prix restent peu élevés.

Bien sûr, une grande partie de la publicité moderne véhicule peu d'informations concrètes, mais elle peut malgré tout renseigner les consommateurs d'une manière indirecte : lorsqu'il est difficile d'évaluer la qualité de différentes marques, de grands espaces publicitaires peuvent faire comprendre qu'une entreprise a confiance en son produit. Les nombreuses personnes qui critiquent la publicité soutiennent que tout ce que fait celle-ci, c'est de créer de nouveaux désirs que le marché comblera. Par ailleurs, améliorer la fidélité à la marque peut en fait causer du tort à la concurrence si jamais les consommateurs finissent par avoir moins envie de changer de vendeurs.

WINNER!
2010 TONY AWARD
BEST
MUSICAL
EMPHIS
BEST NEW
COMEDY"
DON'T
BELIEVE THE
LIBERAL
MEDIA!
media research center
LG
2012
TOSHIBA
TOSHIBA
LED
LIGHTING
TOSHIBA
TDK
PITBULL
FRIDAYS
FRIDAYS

Le PIB et ce qui le constitue

Le produit intérieur brut (PIB) est un indicateur économique fondamental du revenu d'un pays. Il s'agit de la valeur de tous les biens et services produits à l'intérieur d'un pays donné, sur une période donnée. Un pays qui dispose d'un fort PIB peut malgré cela être considéré comme pauvre si sa population est très nombreuse. Par conséquent, un moyen important de connaître le niveau de vie est le calcul du PIB par habitant (PIB divisé par le nombre d'habitants). Cela donne une indication d'ensemble sur la quantité de biens et de services consommés par les individus.

On peut diviser le PIB en différentes sortes de dépenses comme, par exemple, la consommation, l'investissement et l'achat par l'État de biens et de services. Étant donné que cela suppose un acheteur qui paie un vendeur, tout achat peut aussi être décliné en différents revenus qui sont versés *via* la production de biens et de services des entreprises ; cela comprend les salaires et les profits. Les économistes s'intéressent aux niveaux absolu et relatif des PIB (entre pays), mais aussi à son taux de croissance et donc à l'évolution du niveau de vie.

Cette carte montre le PIB nominal par habitant (en dollars américains) pour chaque pays.

- plus de 10 000
- 5 000 – 10 000
- 2 000 – 5 000
- 1 000 – 2 000
- 500 – 1 000
- 200 – 500
- moins de 200

Le PIB nominal et le PIB réel

Supposons que le produit intérieur brut (PIB) d'un pays augmente de 10 % en une année. Cela peut s'expliquer par le fait que la production de biens et de services, dans ce pays, a elle-même augmenté de 10 %. Cela peut également signifier que les prix qui nous servent à évaluer les biens ont augmenté de 10 %, tandis que la production totale n'a connu aucune hausse. La croissance du revenu national résulte souvent d'une hausse conjointe des prix et de la production. Le PIB nominal s'exprime en termes monétaires sans qu'il y ait un ajustement devant l'impact que représente l'évolution des prix. Le PIB réel mesure la quantité réelle de biens et de services produits.

Si le PIB augmente de 10 % uniquement à cause d'une hausse des prix, alors le PIB réel reste constant. Par rapport aux biens et services réels, l'économie ne s'est pas enrichie. Les économistes déterminent le PIB réel en calculant la quantité de biens et de services produits aux prix pratiqués pour une année précise. Ceci annule l'impact causé par le changement des prix sur le chiffre du PIB.

Le PIB du Japon de 1991 à 2011

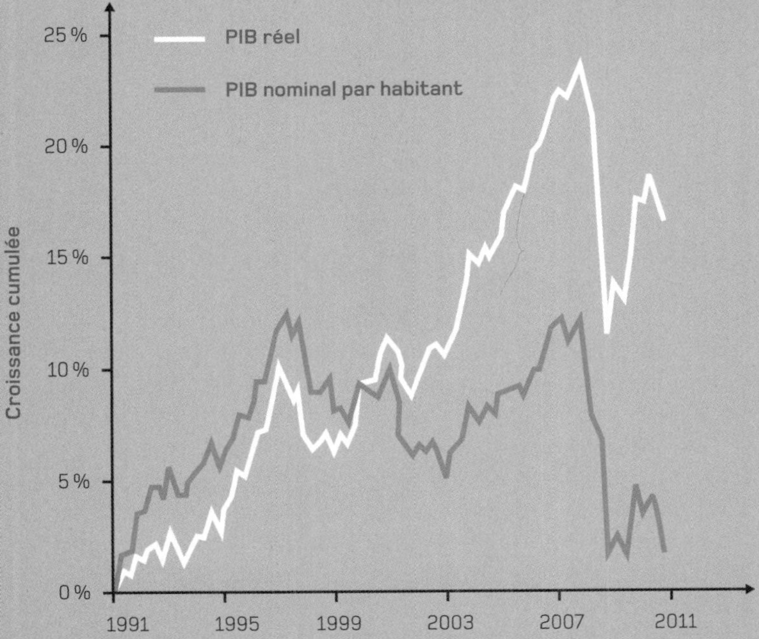

Au Japon, dans les années 1990, les prix ont monté plus vite que la production, donc le PIB nominal a distancé le PIB réel. Au cours des années 2000, les prix se sont retrouvés à la traîne de la production ; par conséquent, la croissance du PIB réel a été plus rapide que celle du PIB nominal.

Le circuit économique

On peut voir une économie comme un circuit de revenus et de dépenses entre les ménages et les entreprises. Les ménages et les entreprises se rencontrent sur deux marchés, celui des biens et celui des apports à la production comme le travail. Sur le marché des biens, l'argent passe des ménages aux entreprises lorsque les premiers achètent. Par exemple, si Florian dépense 1 € pour acheter du pain, son paiement devient une fraction du revenu de la boulangerie. Sur le marché des intrants (apports), l'argent s'écoule dans l'autre sens étant donné que les entreprises achètent aux ménages : la boulangerie a besoin d'employés, alors elle se sert des 50 centimes de Florian pour contribuer à la rémunération de son personnel. À son tour, le salaire permettra l'achat d'un nouveau bien et, ainsi, la boucle sera bouclée.

Cette manière d'envisager l'économie est de première importance dans le calcul du revenu national. Elle montre qu'on peut voir celui-ci sous deux angles, soit comme la production totale des biens, soit comme le revenu total gagné par l'économie. L'exemple simple évoqué ci-dessus ne considère que le revenu des salaires mais, en fait, le circuit économique comprend aussi les profits et les rentes de situation.

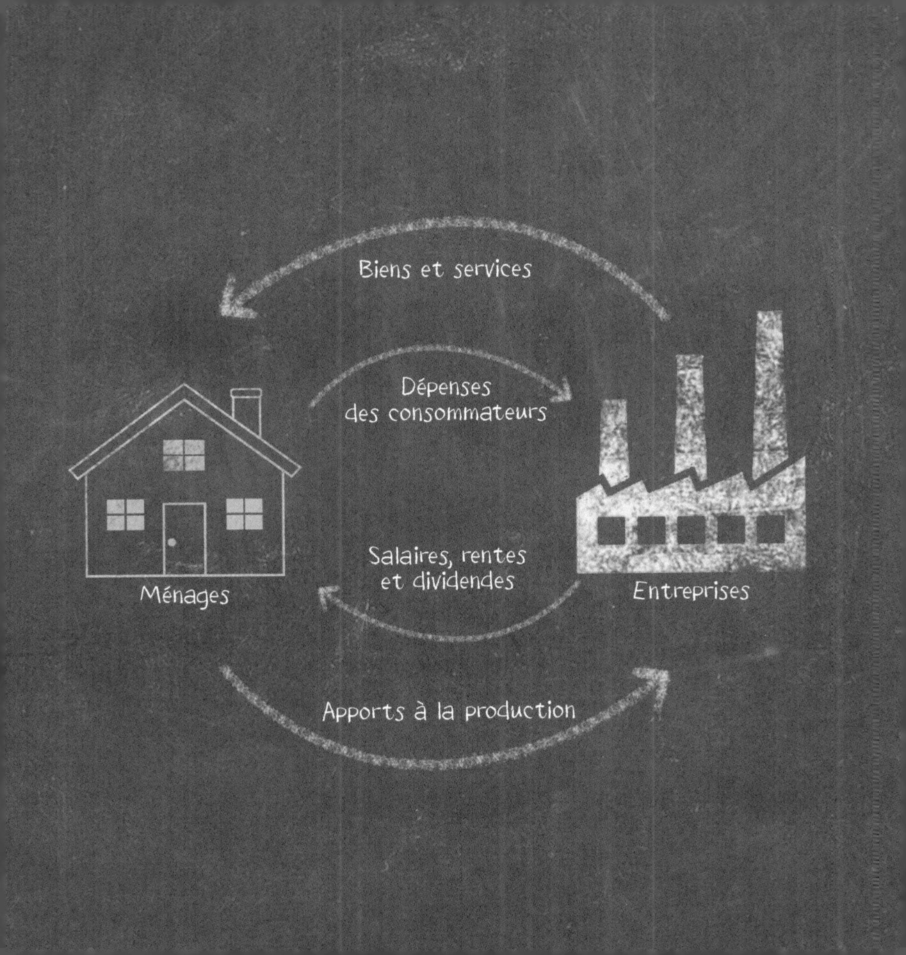
Biens et services
Dépenses
des consommateurs
Ménages
Salaires, rentes
et dividendes
Entreprises
Apports à la production

L'investissement

Quand des économistes parlent d'investissement, ils entendent par là une dépense effectuée afin d'acquérir un capital qui lui-même permettra à l'économie de produire dans le futur davantage de biens. Le capital comprend les machines, les infrastructures, mais aussi les dépenses engagées pour favoriser la création de compétences, par le biais de l'enseignement, et développer les connaissances grâce à la recherche. L'investissement est un facteur vital de croissance économique (l'économie ne se développe qu'avec une capacité de production accrue), mais la proportion opportune d'investissement est une question plus complexe qu'on pourrait croire à première vue. L'investissement favorise la croissance, mais il peut aussi entraîner une baisse de la consommation sur l'instant.

Toutes sortes de variables peuvent avoir des répercussions sur l'investissement. Le taux d'intérêt, parce qu'il suppose d'emprunter à des épargnants, en est une de premier ordre. Lorsque les taux sont élevés, les investisseurs doivent percevoir des retours sur investissement élevés afin de rembourser leurs prêts et de réaliser un bénéfice ; par conséquent, certains projets ne sont pas viables d'un point de vue économique. Si les taux d'intérêt sont bas, cela suscite davantage de projets valables et stimule l'investissement.

La consommation

Quand vous achetez une chemise, quand vous vous faites couper les cheveux ou mangez un burger, vous consommez une fraction de tout ce que l'économie produit. Les économistes s'intéressent à la consommation au niveau des individus; ils étudient la façon qu'ont les gens d'acheter en fonction des produits et de leurs revenus. Au niveau de l'économie dans son ensemble, la consommation absorbe une grande partie du revenu national.

Diverses explications du niveau de consommation ont été avancées. L'économiste britannique John Maynard Keynes disait que lorsque les gens touchent une prime, ils en consomment une partie et mettent de côté le reste. Si leur revenu était nul, ils consommeraient quand même une petite quantité obtenue sur des économies ou un emprunt. D'autres théories examinent la manière dont les gens tranchent entre consommer sur l'instant ou consommer plus tard. Quand les consommateurs adoptent une approche tournée vers l'avenir, un revenu plus élevé aujourd'hui ne se traduit pas nécessairement par une consommation plus élevée, car s'ils estiment que cette augmentation est provisoire, ils peuvent avoir envie d'économiser leur part de revenu supplémentaire en cas de besoin.

McDonald's
So CHIC
NetWork
YARGICI
C&A
Tefal

Les dépenses publiques

Les dépenses publiques constituent une part importante du PIB au sein des économies modernes. Même dans des économies de marché telles que les États-Unis et le Royaume-Uni, ces dépenses représentent à peu près 40 % du revenu national. Historiquement, les États ont effectué des tâches de plus en plus complexes au fur et à mesure que les économies se développaient. La prestation d'une éducation nationale s'élargit, le gouvernement fournit davantage de services de santé, et le système de protection sociale subvient aux besoins des chômeurs, des handicapés et des personnes âgées.

Les dépenses publiques consacrées à des secteurs tels que la défense nationale, les hôpitaux, les bibliothèques et le système éducatif entrent toutes dans le PIB. Les autres grosses dépenses engagées par l'État incluent des prestations sociales comme les retraites et les allocations chômage. Les économistes appellent les opérations de ce type des « paiements de transfert ». Contrairement à ce qui se produit, par exemple, avec le salaire d'une infirmière, ces paiements ne sont pas effectués en échange d'une quelconque production économique. Ils transfèrent simplement le pouvoir d'achat d'un groupe de personnes à un autre ; pour cette raison, ils ne sont pas inclus dans le PIB.

Le modèle demande agrégée – offre agrégée

La demande agrégée désigne la relation entre le niveau de prix et la quantité de production souhaitée. L'offre agrégée lie la production effective au prix. Ensemble, elles déterminent la production et le niveau de prix au sein d'une économie. Quand les prix sont bas, la demande agrégée est élevée car le pouvoir d'achat des consommateurs est amélioré. Les bas prix diminuent également les taux d'intérêt réels et, ce faisant, stimulent l'investissement. Beaucoup d'économistes pensent que l'offre agrégée, à long terme, n'est pas touchée par les prix, étant donné que la production potentielle dépend du capital réel, de la main-d'œuvre et de la technologie disponible afin de créer des biens. À court terme, il est possible que des prix plus élevés stimulent l'offre, mais cet effet ne saurait être durable.

Le rapport demande agrégée – offre agrégée peut changer : par exemple, une manne pétrolière peut accroître la demande à tous les niveaux de prix. À court terme, cela peut accroître la production, bien qu'à long terme, et parce que cela n'affecte pas l'offre agrégée, le seul effet qui se fera sentir sera des niveaux de prix plus élevés. Si les prix n'influent pas sur l'offre, alors la seule façon de produire davantage, à long terme, est de recourir à l'investissement.

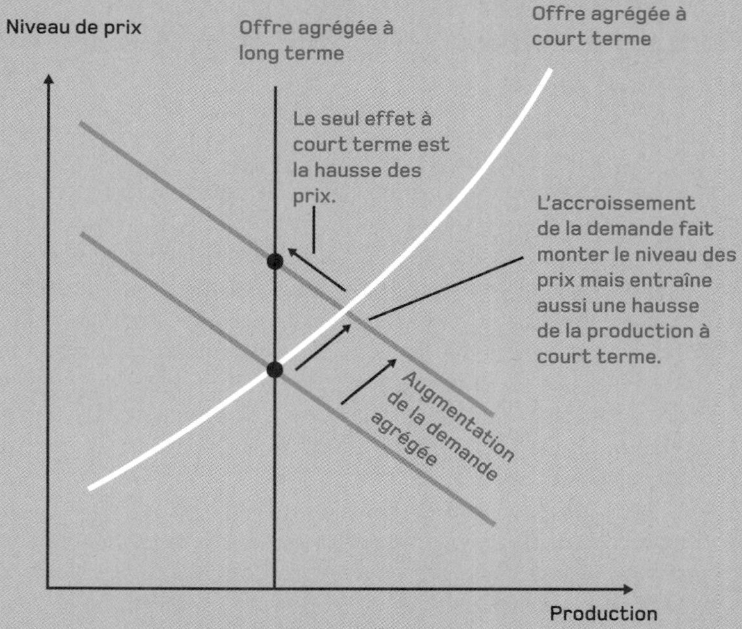

Une hausse de la demande agrégée peut stimuler la production à court terme mais peut entraîner une hausse des prix par la suite.

Les cycles d'expansion et de récession, la dépression

Sur plusieurs décennies, une économie manifeste un taux tendanciel de croissance mais, d'une année à l'autre, la croissance varie autour de ce taux. Certaines années, la croissance se situe en dessous du taux; d'autres années, elle est au-dessus. Il s'ensuit que l'économie passe tout naturellement par des phases d'expansion et de récession; on appelle cela un « cycle économique ». La récession désigne une période caractérisée par la chute, sur une période de plusieurs mois, voire davantage, de la production dans son ensemble. Les récessions importantes, qualifiées de dépressions, peuvent durer des années et se distinguer par des chutes brutales de la production et une hausse massive du chômage.

Les cycles économiques peuvent revêtir différentes formes, par exemple des cycles en V, caractérisés par une baisse brutale suivie d'un redressement, et des cycles en W, lorsque l'économie connaît un déclin, repart, puis rechute dans ce qu'on appelle une « récession à double creux ». Un grand nombre d'études ont été consacrées à l'explication des cycles économiques et à la mise en place de politiques permettant d'en atténuer les effets, et en particulier d'éviter les récessions.

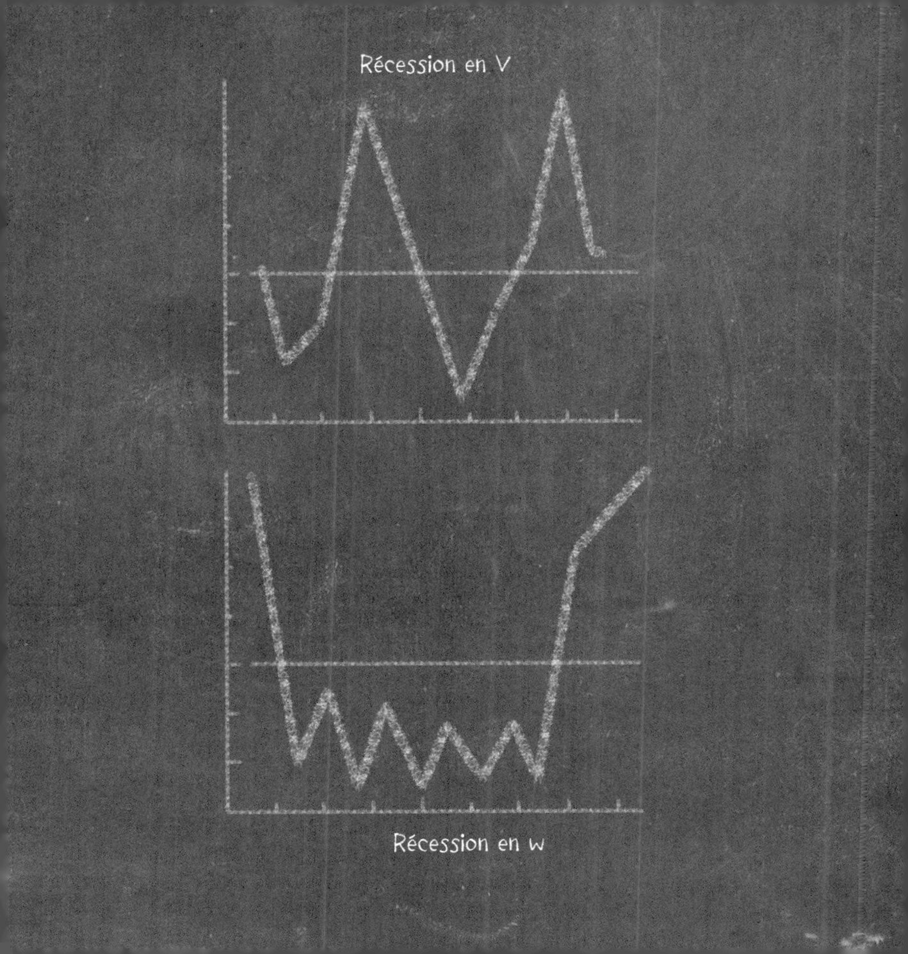
Récession en V
Récession en w

Le chômage et ses coûts

Le taux de chômage est peut-être la variable économique qui préoccupe le plus les gens; elle est probablement la plus sensible au niveau politique. Il est évident que le chômage cause beaucoup de souffrance: les gens qui n'ont pas de travail font l'expérience des difficultés économiques et de la tristesse. Parfois, le chômage est passager, perlé, lorsque les gens changent d'emploi. Les personnes qui souffrent le plus sont celles qui connaissent un chômage de longue durée.

Un taux de chômage élevé signifie aussi que les ressources dorment. Pendant les récessions, les machines et les usines ont tendance à tourner au ralenti à cause de la faible demande, mais, en général, c'est le chômage qui attire le plus l'attention. Par conséquent, lorsqu'un taux élevé de chômage s'avère persistant, la société perd des biens et des services qui pourraient être produits si les gens avaient du travail. Les personnes qui se retrouvent sans emploi sur de longues périodes sont également susceptibles d'entrer dans un cercle vicieux qui voit leurs compétences devenir obsolètes, ce qui mine leur moral et rend encore plus difficile leur réinsertion dans le monde du travail.

Le niveau naturel de production

Les États tentent souvent de susciter des poussées de croissance à court terme de la production, ainsi que des baisses du chômage, mais beaucoup d'économistes sont d'avis que les économies possèdent des niveaux « naturels » de production et d'emploi qui s'appliquent sur de longues échelles de temps. Une idée associée à ce concept est que les États ne peuvent accroître pendant très longtemps la production et l'emploi au-dessus du niveau naturel sans que cela génère de l'inflation.

Tout ce qui affecte la capacité de l'économie à produire des biens et des services entraîne une modification progressive du niveau naturel. Une offre plus élevée en apports de base à la production (la main-d'œuvre et le capital) améliore la capacité économique en l'augmentant. Une plus grande somme de compétences parmi les travailleurs aura le même effet. Au fil du temps, le progrès technologique a également un impact énorme sur le niveau naturel de production d'une économie. Les caractéristiques institutionnelles des marchés exercent de même une influence sur ce niveau : un des moteurs de la politique économique des années 1980 fut l'idée selon laquelle un allègement de la régulation des marchés permettrait aux entreprises de produire plus facilement.

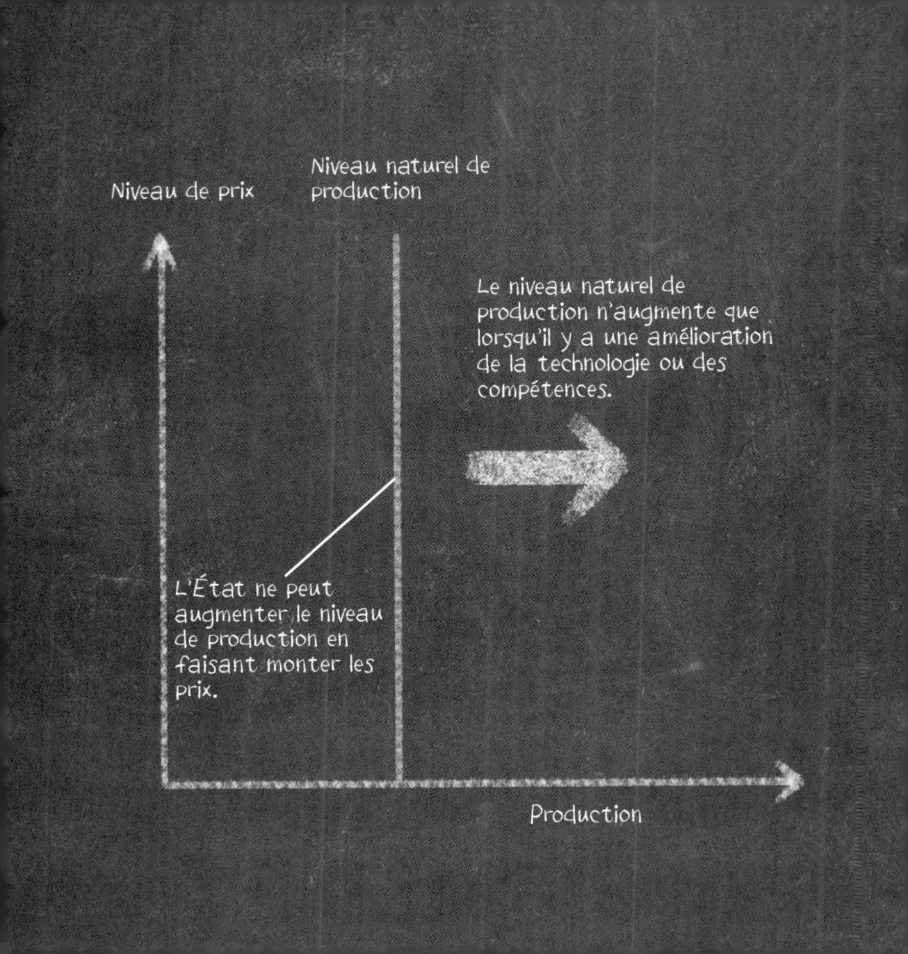
Niveau de prix
Niveau naturel de production
Le niveau naturel de production n'augmente que lorsqu'il y a une amélioration de la technologie ou des compétences.
L'État ne peut augmenter le niveau de production en faisant monter les prix.
Production

Le chômage structurel et le chômage frictionnel

Les causes du chômage sont multiples. Lorsque les économies entrent en récession, beaucoup de salariés perdent leur emploi, mais le chômage existe aussi au sein des économies en bonne santé, sous une forme appelée « chômage frictionnel »; ce type de chômage résulte des changements d'emploi et des reconversions entamés par les gens. Parce que le marché de l'emploi ne coordonne pas immédiatement les salariés aux emplois, il connaît des « frictions ».

Les économies se trouvent dans un état de flux permanent. Les entreprises inventent de nouveaux produits et cessent d'en vendre d'autres: par exemple, lorsque les CD ont fait leur apparition sur le marché, les cassettes audio sont vite devenues obsolètes. Les ouvriers qui les fabriquaient ont été licenciés, alors que dans une économie saine ils auaient dû pouvoir trouver de nouveaux emplois dans d'autres secteurs, peut-être, par exemple, chez les fabricants de CD. Cela dit, ces ouvriers auraient quand même eu besoin d'un peu de temps afin de trouver de nouveaux postes. Un tel changement peut être plus ou moins long, lorsque par exemple des salariés dans des régions marquées par des secteurs en déclin doivent se battre pour trouver de nouvelles offres d'emploi. Les économistes appellent ce type de chômage plus persistant le « chômage structurel ».

Le chômage peut durer longtemps lorsque des industries anciennes ferment et laissent leur main-d'œuvre sans qualification pour de nouveaux emplois.

La courbe de Phillips

Au cours des années 1950, l'économiste néo-zélandais Bill Phillips a identifié une relation inverse entre l'inflation et le taux de chômage : quand l'inflation était élevée, le chômage était bas, et *vice versa*. L'explication avancée était que lorsque l'économie était florissante et que beaucoup de gens avaient un emploi, la demande était élevée ; cette demande élevée pour des biens et des services faisait monter les niveaux de prix. À l'inverse, lorsque le chômage était élevé au sein d'une économie en récession, la demande en biens était faible et les prix chutaient.

Pendant la quasi-totalité de l'après-guerre, les économistes ont cru que la courbe de Phillips exprimait un compromis stable, sur le long terme, entre le chômage et l'inflation. Ils estimaient alors qu'en réglementant l'activité économique par le biais d'une politique fiscale et monétaire, l'État pourrait sélectionner un repère sur la courbe de Phillips, c'est-à-dire choisir un peu moins de chômage et un peu plus d'inflation, ou le contraire.

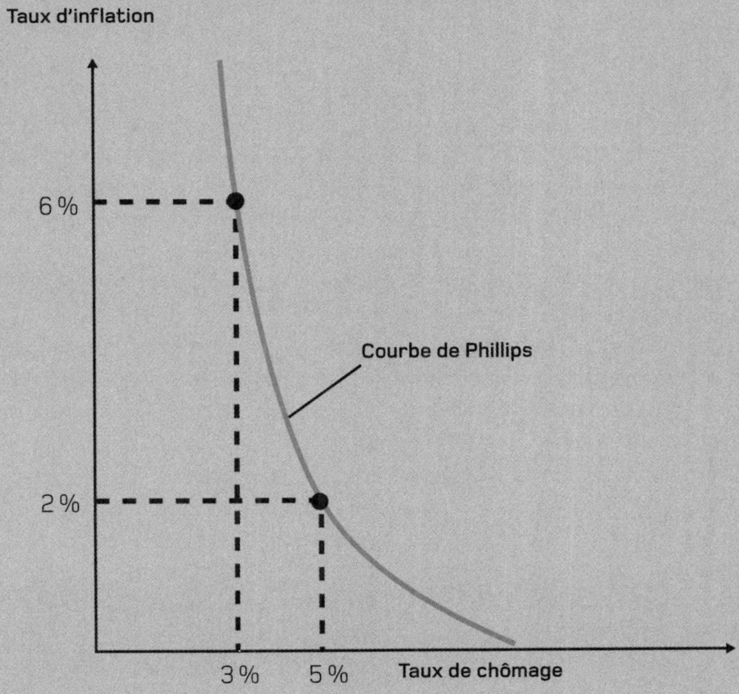
Taux d'inflation
6 %
2 %
Courbe de Phillips
3 %
5 %
Taux de chômage

La stagflation

La stagflation était un terme utilisé pour décrire le mal économique des années 1970 : une inflation persistante doublée de chômage. À l'époque, la réflexion économique dans son ensemble se fondait sur la courbe de Phillips, qui suggérait qu'une inflation élevée coïncide avec un chômage bas (voir page 204). Au cours des années 1970, cependant, le chômage et l'inflation ont augmenté de manière parallèle, en contradiction avec la courbe de Phillips.

De nouvelles théories, en particulier celles proposées par Milton Friedman (voir page 256), ont essayé d'expliquer ce phénomène en affirmant qu'en réalité, la courbe de Phillips n'était pas valable sur le long terme. Les économistes avaient cru qu'en dépensant davantage d'argent, l'État stimulerait l'économie, abaisserait le chômage et ferait monter l'inflation. Friedman soutenait qu'une inflation plus élevée pousserait les salariés à se rendre compte que leurs salaires réels étaient plus bas et que, par conséquent, ils auraient moins envie de travailler. La main-d'œuvre disponible chuterait et l'économie retournerait à son niveau précédent de chômage, à présent que l'inflation était plus élevée. Selon cette théorie, le seul moyen de maintenir le chômage à un niveau bas était d'entretenir une inflation sans cesse croissante.

Dans un contexte de stagflation, le chômage et l'inflation augmentent de manière parallèle, comme on peut le voir dans l'économie australienne au cours des années 1970.

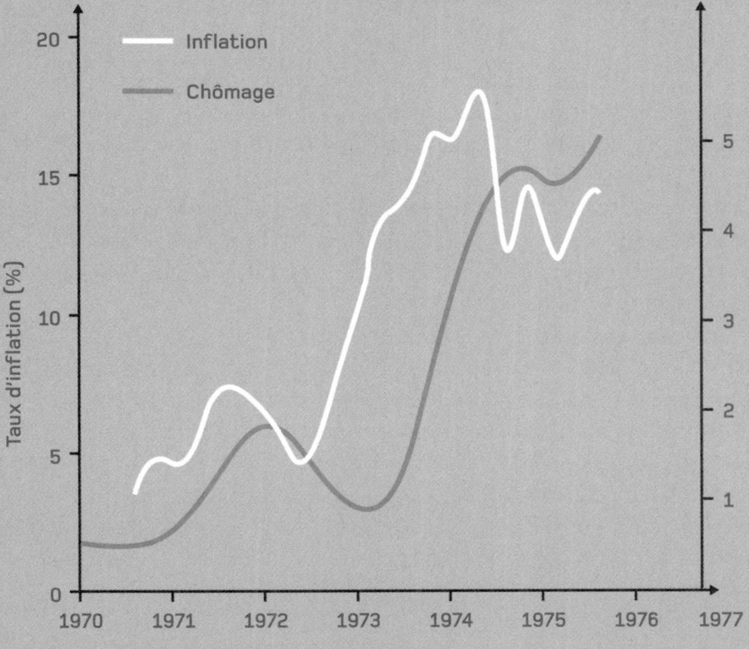

L'hystérésis

Les économistes pensent souvent en termes de taux naturel de chômage (voir page 200), c'est-à-dire un taux qui correspond au niveau de production à long terme d'une économie, niveau déterminé par son capital, l'état d'avancement de ses technologies, etc. L'économie fluctue autour de ce taux naturel : pendant une récession, le taux de chômage passe temporairement sous la barre habituelle ; par la suite, il y revient. Ici, le taux naturel est stable et n'est pas affecté par le niveau réel du chômage sur l'instant.

Dans un contexte d'hystérésis, ce n'est plus le cas : le taux élevé de chômage du moment fait monter le taux naturel du long terme. Le chômage est alors plus qu'un problème à court terme de ressources dormantes (c'est-à-dire de travailleurs qui se reconvertiront plus tard, quand la reprise sera là) ; c'est un problème beaucoup plus grave car il nuit à la capacité de production sous-jacente de l'économie. Cette situation peut se produire lorsque des salariés, au chômage depuis longtemps, voient leurs compétences et leur motivation se dégrader à un point tel qu'ils ne sont plus adaptés au marché de l'emploi.

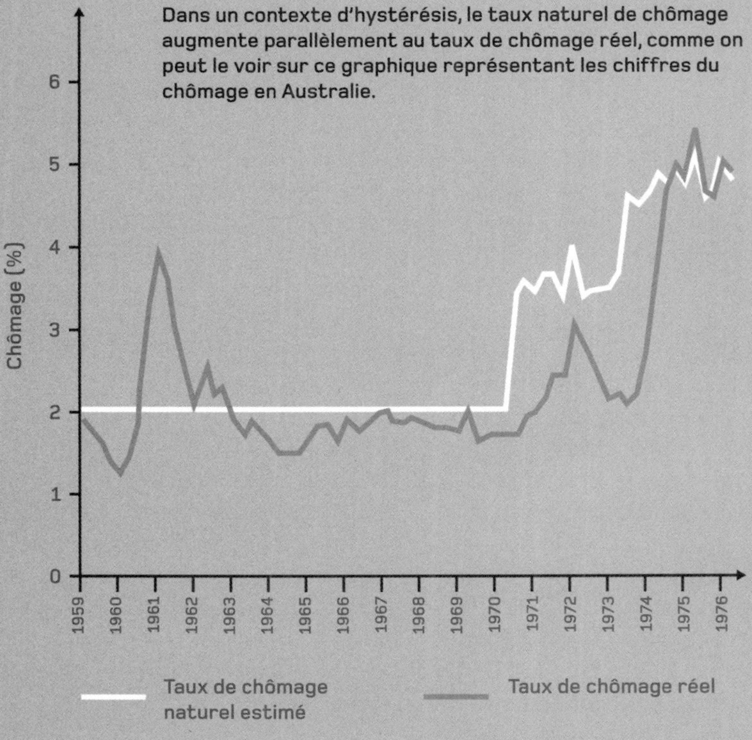
Dans un contexte d'hystérésis, le taux naturel de chômage augmente parallèlement au taux de chômage réel, comme on peut le voir sur ce graphique représentant les chiffres du chômage en Australie.
Chômage (%)
0
1
2
3
4
5
6
1959
1960
1961
1962
1963
1964
1965
1966
1967
1968
1969
1970
1971
1972
1973
1974
1975
1976
Taux de chômage naturel estimé
Taux de chômage réel

La trappe à liquidité

Certains économistes pensent que les pays peuvent se retrouver piégés par une trappe à liquidité dans laquelle les politiques monétaires perdent toute efficience. En principe, les récessions voient les États tenter de stimuler l'économie en abaissant les taux d'intérêt, cela afin d'encourager les investissements, mais si les taux d'intérêt sont déjà très bas, il peut s'avérer impossible de les baisser encore davantage. Dans ce cas, la politique d'expansion monétaire (voir page 248) ne fera rien pour aider l'économie à se remettre sur les rails: l'argent est tout simplement détenu sous la forme de liquidités au lieu d'être prêté pour financer l'investissement.

Un exemple de trappe à liquidité fut le Japon des années 1990, lorsque les taux d'intérêt y étaient bas et que l'économie stagnait. On a également avancé le fait qu'au cours des problèmes économiques de ces récentes années, beaucoup de pays de pointe se sont retrouvés piégés dans des trappes à liquidité. Un moyen d'échapper à ce piège est l'inflation: lorsque les taux d'intérêt nominaux n'arrivent pas en dessous de zéro, favoriser l'inflation peut les y aider, ce qui peut stimuler l'économie en encourageant l'investissement.

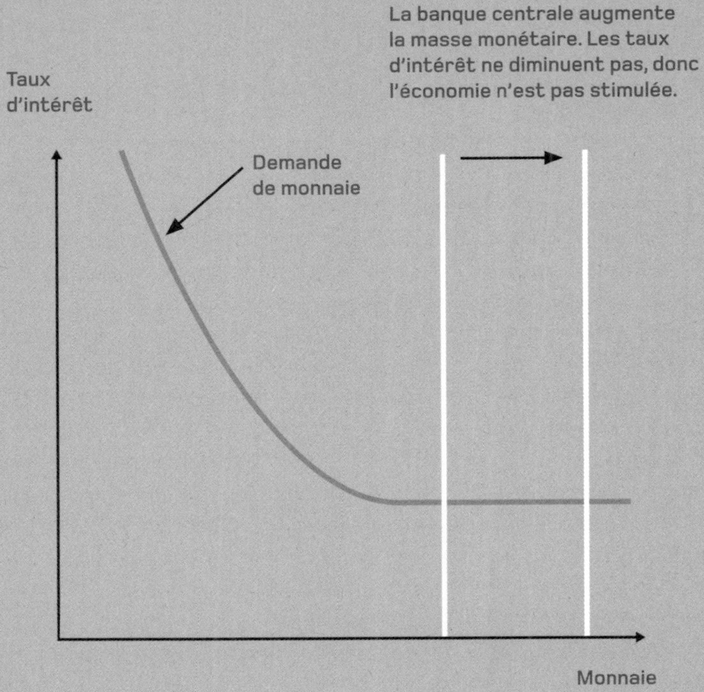

La banque centrale augmente la masse monétaire. Les taux d'intérêt ne diminuent pas, donc l'économie n'est pas stimulée.
Taux d'intérêt
Demande de monnaie
Monnaie

Les coûts et les avantages de l'inflation

Si tous les prix et revenus augmentent de 3 %, personne ne s'en porte plus mal; pourquoi, alors, les gens disent-ils que l'inflation est un mal ? L'inflation rogne la valeur de la monnaie, par conséquent un des coûts de l'inflation est que vous aurez moins d'argent liquide sur vous et que vous vous rendrez plus souvent à la banque. Les entreprises aussi subissent les coûts des nouveaux prix qu'elles doivent fixer pour leurs biens. Si elles font cela à différentes reprises, les prix relatifs des biens changent, et puisque les marchés fonctionnent en réagissant devant les prix relatifs, l'inflation peut déformer ceux-ci et mettre à mal l'efficience. Un autre coût majeur est l'incertitude : lorsque l'inflation est élevée, elle a également tendance à être volatile, ce qui rend beaucoup plus difficiles les plans d'investissement. Tous ces coûts semblent peu de chose quand l'inflation est basse et stable, mais ils peuvent paralyser une économie en période d'hyperinflation (voir page 220).

Cependant, l'inflation peut être le signe d'une économie saine et en phase de croissance; elle accompagne souvent la sortie d'une récession. La réduction des taux d'intérêt et des salaires réels stimule l'investissement et la demande de travail des employeurs.

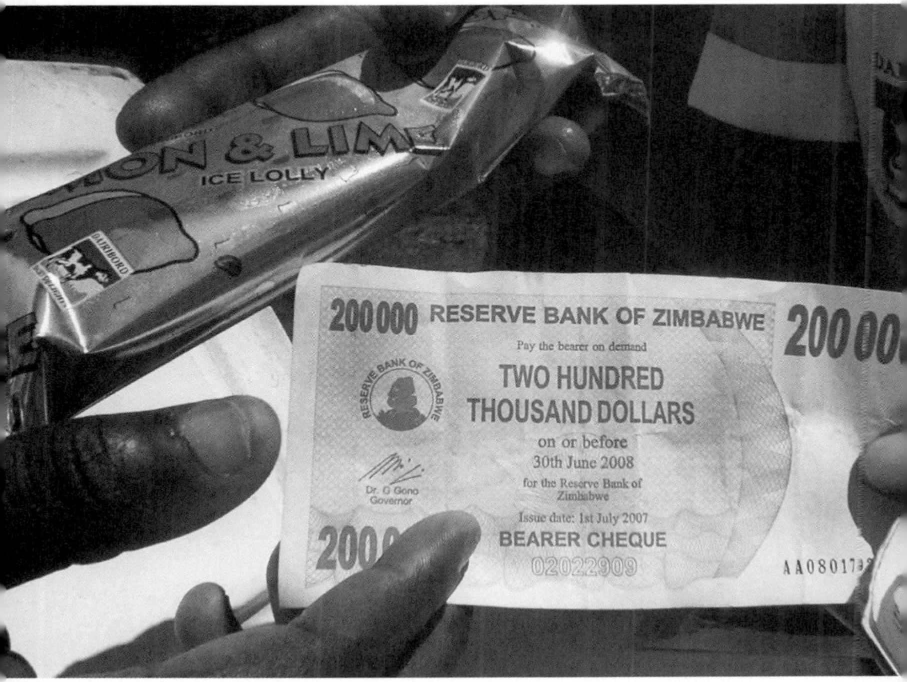

La crise de l'inflation qui a frappé le Zimbabwe vers 2008 atteignait un pic mensuel de 80 milliards pour cent et a contraint, au bout du compte, à abandonner la monnaie nationale.

L'inflation par augmentation de la demande et par augmentation des prix de revient

On attribue souvent les causes de l'inflation au niveau global de la demande (l'augmentation de la demande) ou de l'offre (l'augmentation des prix de revient). Imaginons que, dans une économie qui fonctionne presque à plein rendement, la demande en biens augmente. Cette demande supplémentaire pourrait émaner des consommateurs, de l'État qui aimerait dépenser plus d'argent, ou encore de résidents à l'étranger désireux d'obtenir davantage d'exportations de leur pays. Sur le court terme, l'économie ne pourrait pas produire beaucoup de nouveaux biens. Les conséquences en seraient la présence de trop peu de biens recherchés par trop d'argent en espèces, et donc une hausse des prix.

Une autre cause d'inflation peut être un retard dans la capacité de l'offre. Ceci peut se produire s'il y a des augmentations du coût généré, au niveau des entreprises, par l'apport en matières premières et en main-d'œuvre. Les entreprises ne peuvent alors plus maintenir le même niveau de profit aux niveaux courants de production et répercutent l'augmentation des coûts sur les prix, qui augmentent à leur tour. L'inflation des années 1970 fut en partie liée aux effets de l'augmentation des prix de revient des chocs pétroliers.

Prix du pétrole, 1970-1985

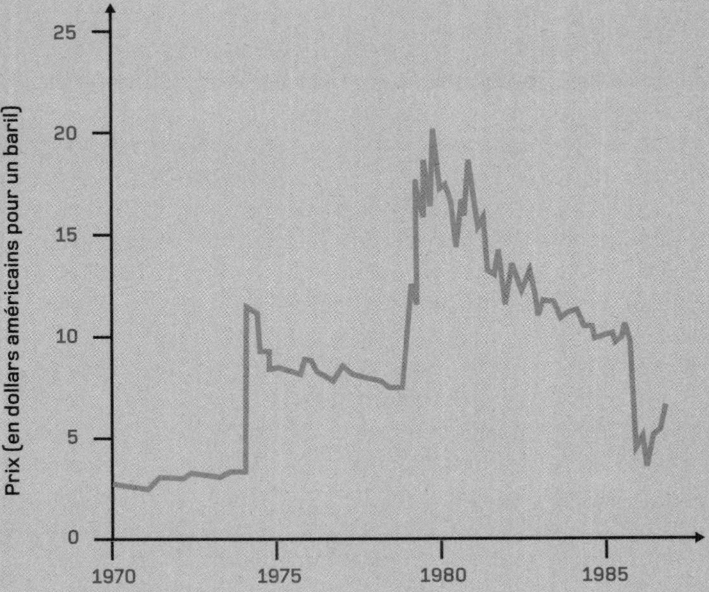

Le coût de la vie

Quand la récolte de cacao baisse, le prix du chocolat augmente tout naturellement. Hormis les consommateurs qui dépensent la plus grande partie de leur argent en chocolat, cette augmentation n'aura pas beaucoup d'incidence sur le coût global de la vie, d'autant plus que d'autres prix peuvent très bien baisser simultanément. Le coût de la vie dans son ensemble augmente quand beaucoup de biens achetés augmentent en même temps, comme pendant les périodes d'inflation.

L'indice des prix à la consommation est une façon d'exprimer cela. On le calcule en commençant par dresser la liste du panier d'épicerie (pommes, chemises, électricité, abonnements pour les transports en commun, etc.) acheté par un consommateur « typique ». On calcule ensuite son coût total. Les changements du coût de la vie peuvent être suivis à la trace, au fil du temps, grâce à la comparaison des coûts de ce panier d'une année à l'autre. L'une des difficultés rencontrée dans ce calcul provient du fait que le panier d'épicerie typique change avec le temps : en 1850, il aurait contenu du pétrole lampant et des bougies, alors qu'en 1980, ces articles avaient été remplacés par l'électricité et des téléviseurs.

1980

10 €

2010

33 €

La théorie quantitative de la monnaie

Supposons qu'un jour, tout le monde se voie offrir 10 000 € en espèces. Les gens se précipitent dans les commerces afin de dépenser leur manne, mais le nombre de biens disponibles est le même qu'avant. Un résultat de cette rentrée d'argent inattendue serait certainement une augmentation des prix étant donné qu'il y aurait trop de gens désireux d'acheter des biens en quantité limitée. Ceci illustre l'idée de base de ce qu'on appelle la « théorie quantitative de la monnaie » qui, sous son expression la plus simple, dit que si la masse monétaire double, il en ira de même avec les niveaux de prix.

Cette théorie implique, entre autres, que les changements subis par la masse monétaire n'ont pas d'incidence sur l'économie réelle. En pratique, il se peut que l'impact de la monnaie sur l'économie soit plus complexe que ce que suggère la théorie : en effet, certains pensent que des augmentations de la masse monétaire peuvent toucher la production économique réelle, et cela particulièrement à court terme. Néanmoins, cette théorie est utile en ce qu'elle se penche sur les différences entre les variables économiques réelles, c'est-à-dire celles qui se rapportent aux biens et aux services concrets, et les variables nominales exprimées en termes monétaires.

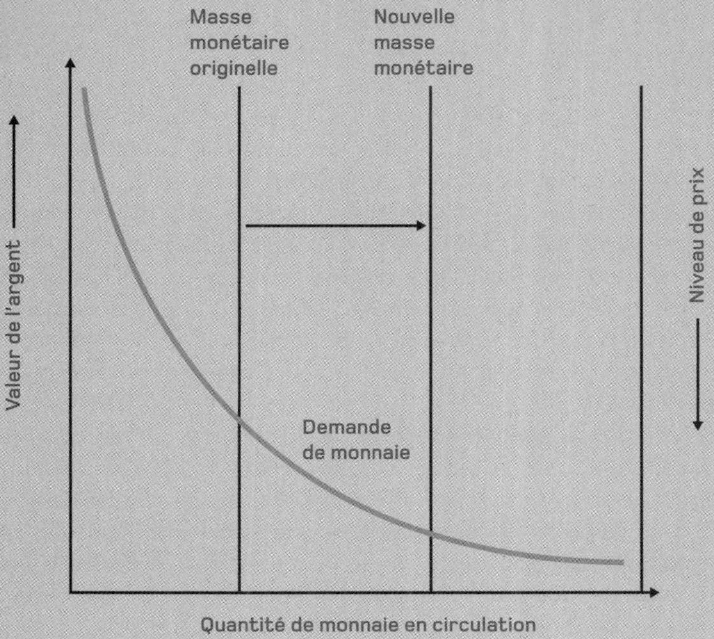

Lorsque les prix sont élevés, les gens ont besoin de beaucoup d'argent pour payer des biens. Lorsque la masse monétaire augmente, l'argent a moins de valeur et les prix augmentent.

L'hyperinflation

On a défini l'hyperinflation comme une inflation mensuelle supérieure à 50 %. À de tels niveaux, l'inflation peut provoquer un effondrement général de l'économie. Les périodes d'hyperinflation sont provoquées par les États qui impriment d'énormes quantités de monnaie afin de satisfaire les dépenses. Cela se produit souvent quand ils se retrouvent dans des situations financières désastreuses, par exemple avec un déficit budgétaire ou une dette élevée (voir page 270) et une marge de manœuvre réduite pour augmenter l'imposition ou souscrire un emprunt. Des conditions de ce type ont généré l'hyperinflation en Allemagne, dans les années 1920.

En période de calme économique, la création de monnaie par les États est une source de revenu puisqu'en créant de l'inflation, on peut la considérer comme un « impôt d'inflation ». En période d'hyperinflation, ce mécanisme prend de telles proportions et devient si rapide que le système monétaire s'effondre. Parce que la monnaie perd si vite sa valeur, les gens dépensent immédiatement et tentent de conserver leur richesse sous la forme de biens ou de monnaie étrangère. Les scènes où l'on voit des gens se rendre dans des commerces avec des brouettes remplies de billets de banque sont un emblème de la désintégration économique causée par l'hyperinflation.

Au cours de sa crise d'hyperinflation du début des années 1920, l'Allemagne s'est vue contrainte d'imprimer des billets de banque avec des valeurs de dizaines de millions de marks chacun.

L'anticipation rationnelle

Depuis quelques décennies, les économistes s'intéressent à la façon dont acheteurs et vendeurs envisagent l'avenir. Lorsqu'il s'agit de prendre une décision relative au type de crédit hypothécaire auquel on souhaite souscrire, de savoir si on ira ou pas suivre des études à l'université ou de choisir le terrain sur lequel on compte implanter une usine, il s'avère indispensable d'avoir une idée de la direction que va prendre l'économie à plus ou moins long terme. Si on pense que les taux d'intérêt sont amenés à connaître une hausse, il est logique de prendre dès maintenant un crédit hypothécaire à taux fixe.

Comment les gens sont-ils amenés à réfléchir de la sorte ? Ils peuvent se baser sur des règles générales, par exemple en se fondant sur le taux d'inflation de l'année en cours, projeter ce taux sur l'année suivante. La théorie de « l'anticipation rationnelle » affirme qu'ils sont bien plus avertis que cela; en fait, les gens prévoient le mouvement des variables économiques grâce à toutes les informations qu'ils peuvent recueillir ainsi qu'à un modèle économique fiable. S'ils ne procédaient pas de la sorte, les décisions qu'ils prendraient seraient tout sauf optimales. Les suppositions que véhicule la théorie de l'anticipation rationnelle ont des implications profondes en ce qui concerne l'impact des politiques gouvernementales, mais nombreux sont ceux qui doutent que les gens puissent prédire les choses avec une telle précision.

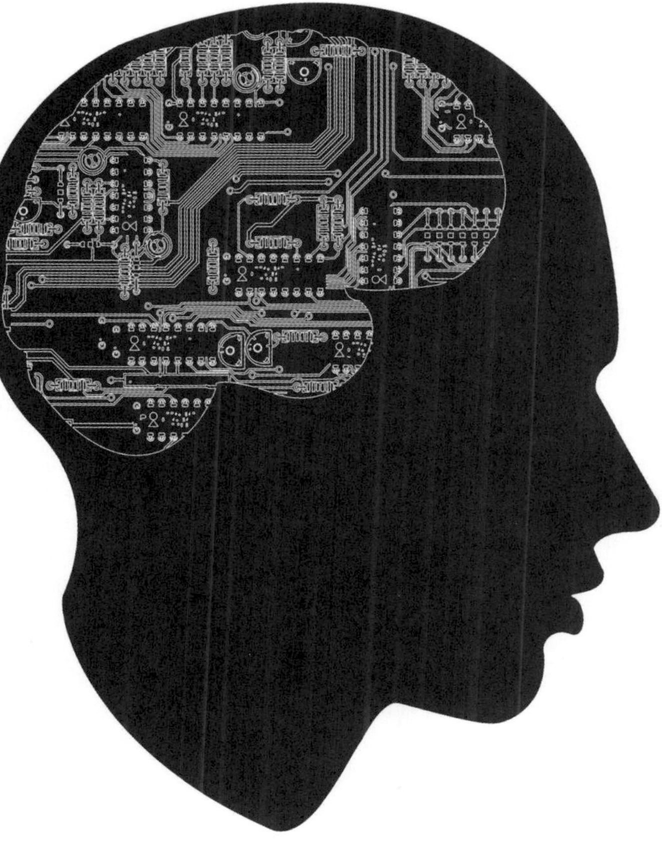

Le cycle de vie et le revenu permanent

Si les gens font preuve d'un comportement rationnel, ils décident en principe des quantités à économiser et à dépenser en fonction non pas de leur revenu mensuel récurrent mais de leur examen des flux financiers sur l'ensemble de leur vie. L'hypothèse du cycle de vie dit que les gens essaient de maintenir leurs dépenses au fil du temps à un niveau égal et d'adoucir leur consommation par l'emprunt et l'épargne. Quand ils sont jeunes, les gens économisent une partie de leur revenu pour leurs vieux jours. Quand ils sont vieux, ils se servent de ces économies pour financer leur consommation.

Est liée à cette idée la théorie du revenu permanent, c'est-à-dire la prévision d'un revenu garanti à vie, lié au capital et aux compétences d'une personne. Lorsqu'une personne fait l'expérience d'une rentrée d'argent imprévue, elle se rend compte que c'est un accroissement provisoire et non définitif de son revenu; par conséquent, elle n'augmente pas sa consommation mais économise sur cette variation temporaire venue s'ajouter. De la même façon, les gens peuvent emprunter ou puiser dans leurs économies quand leur revenu baisse provisoirement. Selon cette théorie, la seule chose qui pousse les gens à accroître ou diminuer leur consommation, ce sont les changements qui touchent leur revenu permanent, sur le long terme.

Revenu et richesse pour un cycle de vie typique

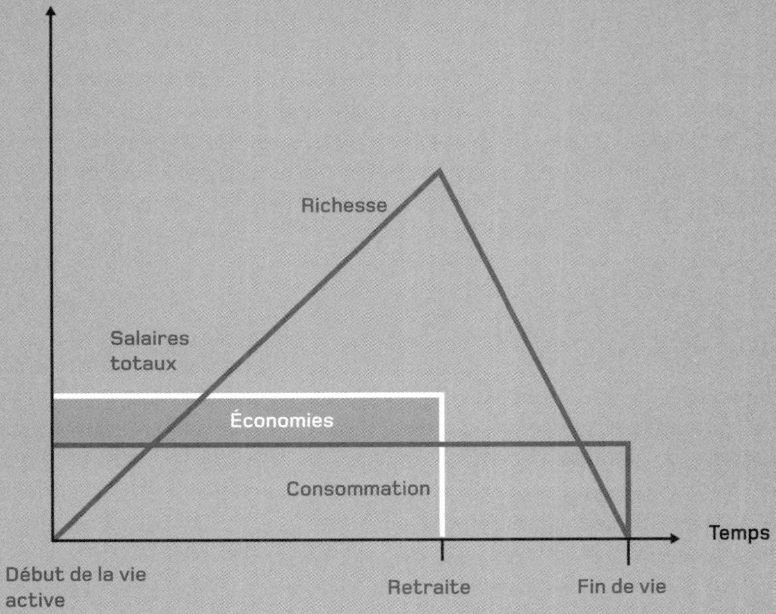

Le multiplicateur keynésien

La tante de Marie offre à celle-ci 30 € pour son anniversaire ; avec cette somme, elle achète de nouvelles plantes pour son jardin. Le pépiniériste gagne 30 €, et une partie de ce revenu sert à payer les salaires de la vendeuse. Celle-ci utilise une partie de son salaire pour manger un plat du jour ; une partie de l'argent perçu par la brasserie sert à l'achat de tomates. Au fur et à mesure qu'ils se diffusent dans le circuit économique, les 30 € de Marie suscitent d'autres dépenses, demandes de biens et de services qui vont bien au-delà de son achat initial de plantes. C'est l'idée que John Maynard Keynes se faisait d'un « multiplicateur ».

Parce que les personnes et les entreprises, d'une manière générale, ne dépensent qu'une fraction de leur revenu, l'impact des 30 € de Marie finit par s'essouffler. Cependant, avant d'en arriver là, il se peut que cette somme ait causé une dépense, au sein du circuit économique, d'une certaine valeur, disons 60 €. Keynes s'intéressait particulièrement à la manière dont les dépenses publiques exploitaient ce multiplicateur : en dépensant lui-même de l'argent, l'État pourrait déclencher une suite d'achats qui regonfleraient l'économie dans des proportions sensiblement plus importantes que ne pourraient le faire ses propres mises de fonds.

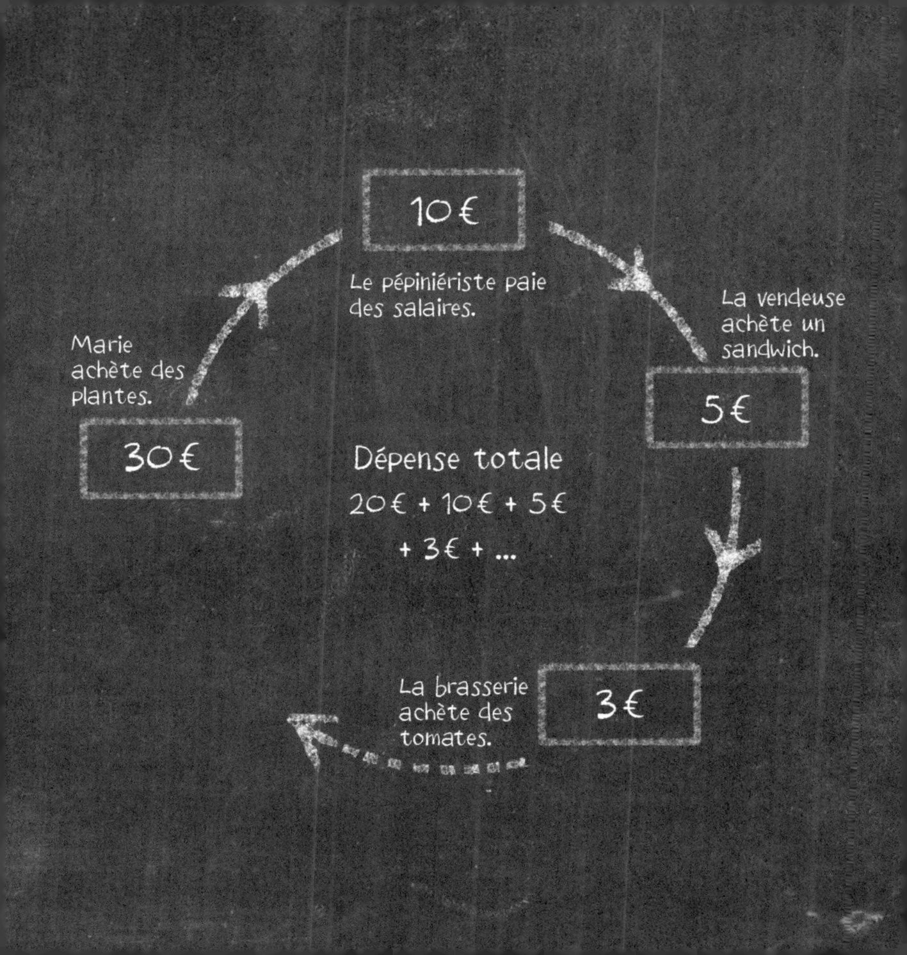
10 €
Le pépiniériste paie des salaires.
La vendeuse achète un sandwich.
5 €
Marie achète des plantes.
30 €
Dépense totale
20 € + 10 € + 5 € + 3 € + ...
La brasserie achète des tomates.
3 €

Les stabilisateurs automatiques

Parfois, les États tentent d'aplanir les cycles économiques par un ajustement actif des sommes qu'ils dépensent en taxes. Par ailleurs, la structure des dépenses publiques et des contributions crée des stabilisateurs « automatiques » qui modèrent les fluctuations économiques même sans qu'il y ait intervention de l'État.

Pendant une récession, l'activité économique baisse. La baisse des revenus entraîne une baisse des impôts gérés par l'État ; l'impôt sur le revenu, en particulier, chute assez rapidement parce que des taxes à taux plus élevés sont perçues à des niveaux de revenus plus élevés. Par conséquent, la baisse du revenu salarial s'accompagne d'une baisse du taux moyen d'imposition. Quand les salariés sont licenciés, l'État verse des allocations, ce qui fait augmenter les dépenses. Les taux d'imposition et les obligations de dépenses, pris ensemble, suscitent plus de dépenses et moins d'impôts, ce qui regonfle l'économie et atténue la récession. À l'inverse, pendant une période de redressement, l'État perçoit davantage de taxes puisque les revenus augmentent. Il injecte également moins d'argent dans l'économie car il verse moins d'allocations. Or les stabilisateurs automatiques fonctionnent en sens inverse.

Les stabilisateurs automatiques de la politique budgétaire

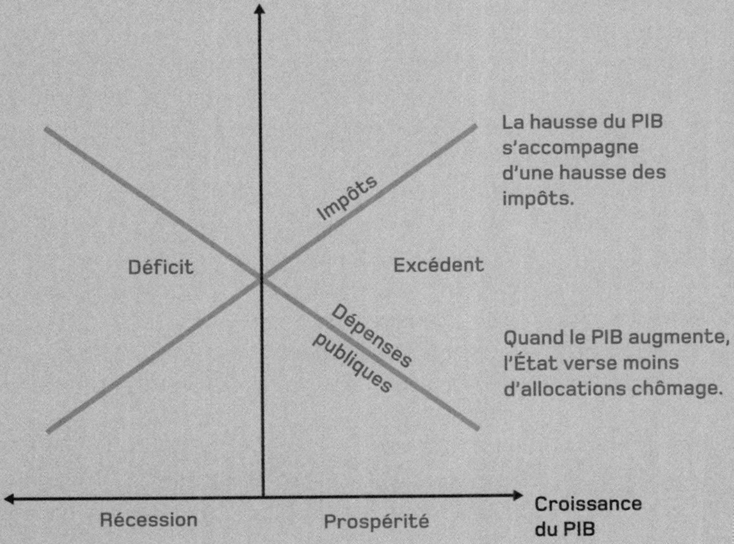

La théorie des cycles réels

La plupart des économistes imputent les cycles d'expansion et de récession aux imperfections des marchés. L'explication keynésienne est que pendant les récessions, les salaires sont lents à s'ajuster; l'économie se retrouve bloquée, en deçà de sa production potentielle, avec un chômage persistant, mais certains économistes ont proposé d'expliquer ce phénomène sans recourir à de telles frictions. La théorie des cycles réels avance que tous les marchés fonctionnent à la perfection (les prix s'ajustent vite afin que l'offre se cale sur la demande), et que les entreprises et les individus agissent de manière rationnelle. En conséquence, l'économie tourne toujours au niveau de rendement à long terme rendu possible par les moyens de production existants. Les cycles surviennent parce que ce niveau à long terme change. Supposons qu'une nouvelle technologie accroisse la productivité ; dans ce cas, la production et l'emploi grimpent en flèche par le fait de cette caractéristique « réelle » de l'économie. Cette théorie, malgré son ingéniosité, n'est pas à l'abri de la critique : en effet, si la technologie est un phénomène qui se déploie sur de longues durées, peut-elle véritablement expliquer le flux et le reflux, tous les deux ou trois ans, de cycles économiques ? En définitive, les progrès de la technologie peuvent engendrer une expansion économique, mais il est tout aussi certain que les récessions ne s'accompagnent pas de régressions technologiques.

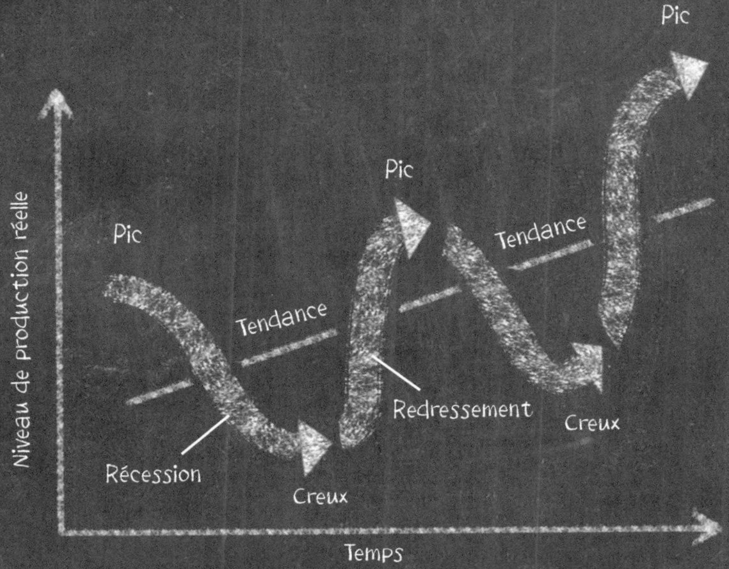

Bien que la performance d'une économie puisse varier de manière sensible sur la durée d'un cycle, la performance moyenne sur le long terme suit habituellement une tendance à la croissance assez stable.

La neutralité de la monnaie

Les gens pensent parfois que les sciences économiques étudient la monnaie et la finance. En réalité, son activité principale est l'analyse de la production et de la répartition des biens « réels », par exemple les ordinateurs, les ananas, les cours du soir, les opérations du cœur, etc. Certains économistes, en particulier ceux qui se rattachent à la prétendue école classique, ne voient dans la monnaie qu'un voile jeté sur les véritables rouages de l'économie.

Ce qui amène à se poser la question de la neutralité de la monnaie, c'est-à-dire la notion selon laquelle celle-ci, en elle-même, n'influence en rien l'économie réelle. Si on multipliait par deux la masse monétaire, cela doublerait les prix, mais rien ne changerait au niveau de la production et du niveau d'emploi (voir page 218). La neutralité de la monnaie sous-tend la « dichotomie classique », c'est-à-dire la séparation entre la face nominale (la monnaie) et la face réelle de l'économie. Par contre, les théories keynésiennes montrent de quelle manière la monnaie peut affecter la face réelle de l'économie. La plupart des économistes acceptent que cela puisse se produire sur le court terme ; c'est en fait sur le long terme que la neutralité de la monnaie se vérifie.

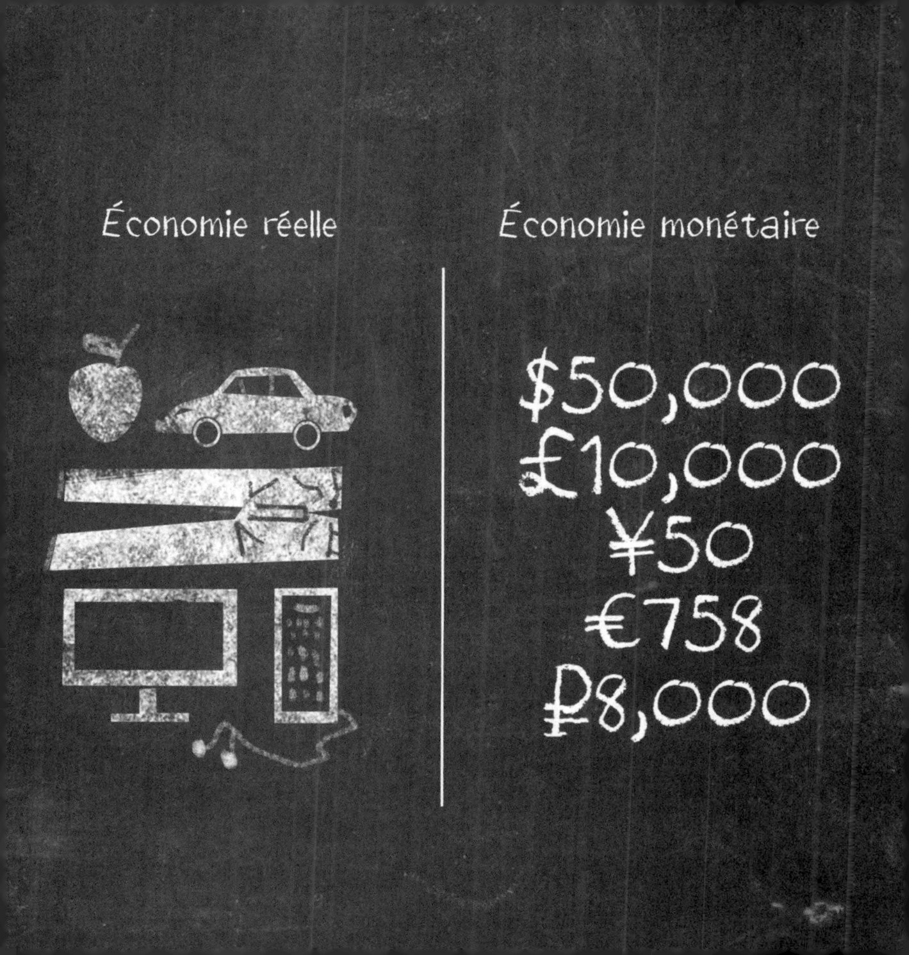

Économie réelle
Économie monétaire
$50,000
£10,000
¥50
€758
₽8,000

Le cycle économique et politique

Certains modèles établissent un lien entre cycles économiques et facteurs politiques. Dans les démocraties modernes, les équipes à la tête de l'État ne restent en place que si elles satisfont l'électorat ; par conséquent, une économie en difficulté peut coûter une élection à un gouvernement. Les gouvernements, tout comme les entreprises et les individus, agissent de manière rationnelle et se tournent vers l'avenir : ils se donneront le maximum de chances pour rester au pouvoir. Dans la course à une élection, ils sont déterminés à stimuler l'économie.

Un gouvernement peut y parvenir, peut-être en dépensant davantage pour les hôpitaux, les écoles ou les projets d'infrastructure. Il peut diminuer les impôts afin d'augmenter le pouvoir d'achat des gens. Il peut aussi réduire les taux d'intérêt dans le but d'encourager l'investissement. De telles mesures stimulent l'économie mais peuvent également finir par accumuler des problèmes qui se poseront à l'avenir comme, par exemple, l'inflation ou un déficit budgétaire trop élevé (voir page 270). Une fois le pouvoir acquis, la politique économique peut faire marche arrière ; il ressort de cela que les objectifs politiques d'un gouvernement sont à même d'engendrer des cycles économiques.

LG Chem
LG Che

La demande de main-d'œuvre

Tout comme pour le prix des caramels, c'est l'offre et la demande qui déterminent les salaires. Les entreprises sont demandeuses de main-d'œuvre, mais cette demande diffère un peu de celle relative aux caramels parce que le travail n'est pas un « bien » final destiné à la consommation; c'est en fait un apport à la production. Un restaurant emploie des chefs de cuisine afin de produire des repas qu'il vend et dont il tire un bénéfice. Le nombre de chefs employés est en rapport avec la rentabilité des repas. Chaque chef supplémentaire cuisine davantage de repas et, ce faisant, ajoute une certaine quantité aux bénéfices dégagés par le restaurant. On appelle cela la productivité marginale du travail.

Mais cette productivité marginale chute quand le nombre de chefs augmente, car lorsque ceux-ci sont nombreux, un de plus ne fait pas autant de différence que lorsqu'il n'y en a pas beaucoup. Donc, combien de chefs le restaurant devrait-il employer ? Si le salaire est de 37 € et la productivité marginale de 43 €, alors il est encore profitable d'embaucher un autre chef. Le restaurant maximise ses profits lorsque la productivité marginale *égale* le taux de salaire. Si la productivité marginale augmente, le restaurant demandera davantage de chefs; cela peut se produire si le prix des repas augmente ou alors par le biais de certaines améliorations technologiques.

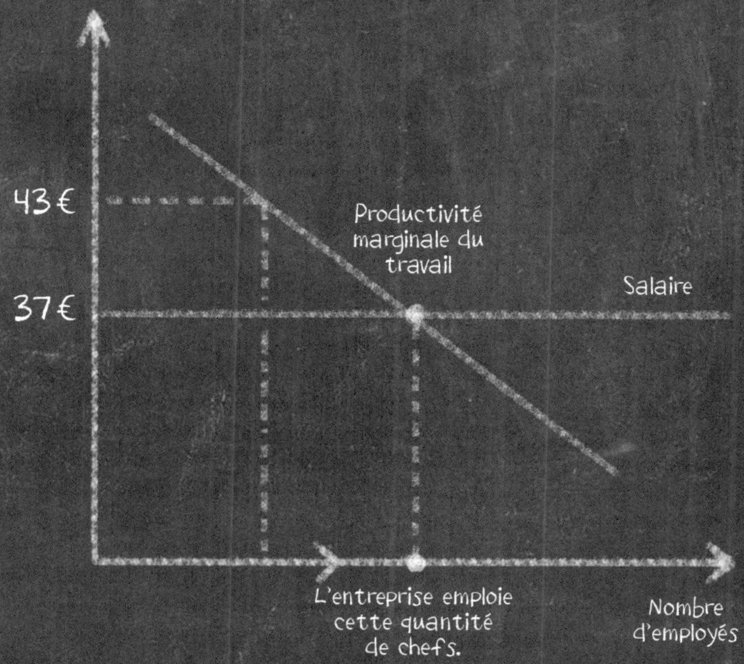

43 €
37 €
Productivité marginale du travail
Salaire
L'entreprise emploie cette quantité de chefs.
Nombre d'employés

Les salaires d'efficience

Il est difficile pour un employeur de passer son temps à vérifier le travail de ses employés, ce qui donne souvent à ces derniers l'occasion de se relâcher. La théorie du salaire d'efficience se base sur l'idée qu'une augmentation de salaire peut inciter les salariés à ne pas tirer au flanc. En conséquence, il peut valoir la peine que l'entreprise rémunère davantage parce que cela accroît la productivité de ses employés. Un salaire élevé augmentera aussi le nombre de gens qui cherchent un emploi, donc favorisera la création d'un pool de personnes sans emploi et disponibles. Un salaire élevé conjoint à la menace du chômage, s'ils se font attraper en train de tirer au flanc, encourage les salariés à faire preuve d'assiduité.

Une autre raison qui peut expliquer pourquoi un salaire élevé est susceptible d'affecter l'efficience des salariés est qu'il leur donne la possibilité de manger à leur faim ; ce facteur revêt une grande importance dans les pays en voie de développement. Les salaires d'efficience peuvent également expliquer l'énigme des taux de salaire qui, souvent, ne chutent pas pendant les récessions ; au cours d'une récession, il peut être plus avantageux pour les entreprises de maintenir des salaires élevés et de licencier quelques salariés, plutôt que de diminuer la paie de tous.

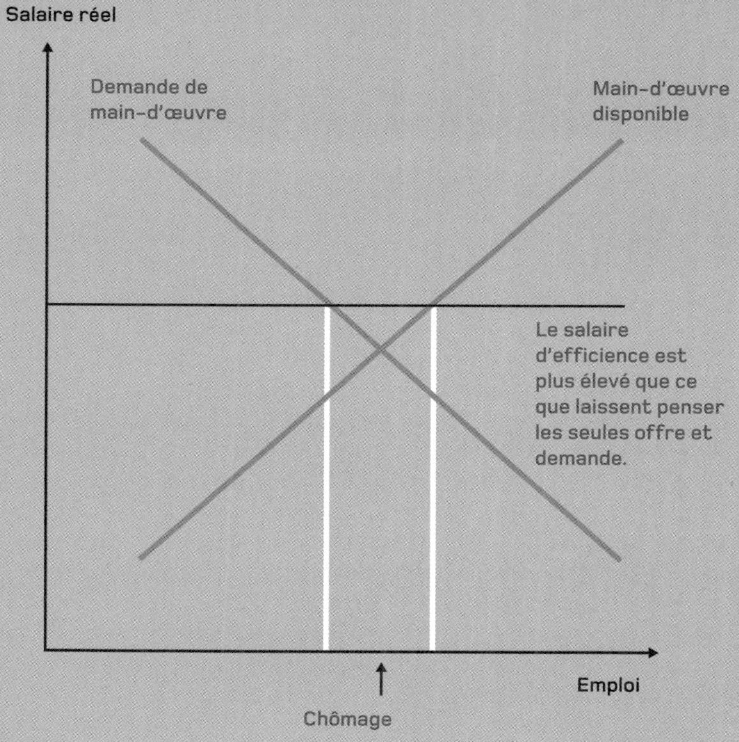

Salaire réel
Demande de main-d'œuvre
Main-d'œuvre disponible
Le salaire d'efficience est plus élevé que ce que laissent penser les seules offre et demande.
Emploi
Chômage

La rigidité des prix et des salaires

Le modèle keynésien de l'économie se base sur l'idée que les salaires et les prix sont « visqueux ». Par exemple, quand la demande de main-d'œuvre est en chute, les taux de salaires ne diminuent pas nécessairement afin de s'ajuster. Plus encore, pendant les récessions, les niveaux de prix baissent; par conséquent, les salaires réels augmentent. Cela réduit la demande de main-d'œuvre faite par les entreprises et crée du chômage. Les économistes « néokeynésiens » ont tenté d'expliquer cette rigidité des salaires et des prix. Une des raisons de ce phénomène est que le changement des prix entraîne des coûts (l'impression de nouveaux tarifs, de nouveaux catalogues, etc.). Une autre explication avancée est que les prix et les salaires s'ajustent à des intervalles de temps réguliers mais que ces ajustements ne sont pas synchronisés d'une entreprise à l'autre. Au moment où une entreprise est en train de reconsidérer ses prix, les conditions du marché sont déjà en train d'indiquer une augmentation, mais parce que ses concurrents attendront encore avant d'ajuster leurs propres prix, l'entreprise, afin de rester compétitive, s'abstient de changer quoi que ce soit au niveau de ses tarifs. La conséquence est que l'ajustement des prix est lent; même quand les entreprises et les individus se comportent de manière rationnelle, les marchés ne s'ajustent pas systématiquement avec facilité. Dans ces conditions, la récession et le chômage peuvent apparaître.

Les taux de salaire réagissent souvent avec lenteur aux changements économiques ; ils peuvent en particulier mettre du temps à diminuer.

Le marché immobilier

Les tendances du marché immobilier sont un indicateur de l'état dans lequel se trouve un cycle économique. Pendant les périodes d'expansion, lorsque le marché du travail est actif, les gens ont davantage confiance en l'avenir et achètent des maisons. Leurs salaires augmentant, ils pensent qu'ils pourront rembourser leurs prêts; simultanément, les établissements de crédit immobilier sont disposés à prêter de l'argent, ce qui entraîne une augmentation constante du prix des maisons.

À l'inverse, lorsque l'économie fléchit, les gens perdent confiance et la demande immobilière chute, mettant ainsi un terme à la hausse des prix. Les problèmes du marché immobilier ont été à la base de la crise économique globale qui a vu le jour en 2007. Aux États-Unis en particulier, la croissance économique et le boom de l'immobilier avaient été le fait d'une confiance en définitive mal placée. La demande immobilière croissante a été confortée par des prêts de plus en plus généreux: les emprunteurs qui pouvaient juste se permettre de couvrir leurs paiements d'intérêts se sont vu offrir des prêts, croyant que les prix des maisons allaient continuer de grimper. Lorsque la bulle a éclaté, le marché immobilier est devenu la cause principale de la crise.

Le bonheur est-il dans le PIB ?

Le produit intérieur brut est l'instrument de mesure le plus populaire des heurs et malheurs d'une économie (voir page 182), mais les experts se demandent de plus en plus s'il s'agit là du meilleur indicateur de bien-être. D'une part, en effet, les fruits d'une économie ne sont pas toujours distribués de manière égale ; d'autre part, une question plus fondamentale est de savoir dans quelle mesure la richesse matérielle est liée au bien-être.

L'économiste américain Richard Easterlin a étudié des sondages portant sur le bien-être des gens et a découvert que malgré les corrélations entre les revenus et la notion de bonheur, l'image d'ensemble présentait une complexité certaine. Les pays les plus riches ne sont pas forcément les plus heureux, et dans certains pays, la hausse des salaires ne s'accompagne pas obligatoirement d'une hausse du bonheur. Une explication possible viendrait de ce qu'on appelle « les déterminants du bien-être » : les gens s'adaptent psychologiquement à des niveaux de vie plus élevés jusqu'à ce qu'ils se sentent normaux. Le revenu est toujours un déterminant important du bien-être, mais cette nouvelle approche a entraîné la prise en compte de critères du bonheur plus étendus, qui englobent par exemple l'espérance de vie, la santé, l'éducation, tout autant que le revenu.

Au Bhoutan, on mesure le progrès économique en termes de bonheur national plutôt qu'en fonction du revenu national.

La politique conjoncturelle

Pour conserver une vitesse égale, un conducteur lève le pied de l'accélérateur lorsqu'il roule sur une pente descendante et appuie dessus dans le cas contraire. La politique conjoncturelle se fonde sur une conception analogue de l'économie. Lorsque l'économie entre en récession, l'État peut mettre un frein à la baisse de la production et de l'emploi en injectant de l'argent. Pendant une phase d'expansion, l'économie est au galop et génère de l'inflation; l'État peut ralentir le train en retirant de l'argent. Tout comme le conducteur à vitesse égale, une politique conjoncturelle active lisse les hauts et les bas du cycle économique.

Il est possible d'atteindre la stabilisation grâce à une politique fiscale (dépenses publiques et impôts) et monétaire (taux d'intérêt et masse monétaire). Cependant, la politique conjoncturelle a déjà fait l'objet de critiques: certains doutent en effet qu'elle constitue une méthode efficace de contrôle de la production économique; même si c'est le cas, les effets peuvent ne se faire sentir qu'avec un certain retard. De tels décalages, couplés au manque de fiabilité des prévisions économiques, signifient qu'au moment où les effets des mesures de stabilisation se feront sentir, le contexte sera peut-être très différent de ce qui avait été prévu.

La politique monétaire

La politique monétaire manifeste le contrôle qu'exerce l'État sur la masse monétaire : trop peu d'argent entrave l'activité économique ; trop d'argent peut susciter l'inflation. L'État crée de la monnaie en imprimant des billets ou en alimentant des comptes dans des banques qui, ensuite, en prêtent une partie. Les États peuvent aussi influer sur la masse monétaire en fixant une quantité minimale de dépôts que les banques doivent conserver sous la forme d'espèces (voir page 96). Si ce ratio augmente, les dépôts créent alors moins de prêts, donc moins d'argent.

Les banques peuvent accroître leurs dépôts (donc l'argent dont elles disposent pour faire des prêts) en empruntant à la banque centrale, mais quand celle-ci augmente le taux d'intérêt qu'elle fait payer, la masse monétaire s'en trouve restreinte. Finalement, l'État peut tirer de l'argent de l'économie par la vente publique d'obligations ; pour accroître la masse monétaire, il rachète ensuite les obligations. La maîtrise de la masse monétaire n'est pas simple dans la mesure où celle-ci peut également être influencée par le comportement de personnes et de banques échappant au contrôle exercé par l'État.

L'assouplissement quantitatif

La manipulation des taux d'intérêt constitue le point central de la politique monétaire : souvent, en période de récession, les États abaissent les taux d'intérêt afin de revigorer l'économie. Mais que se passe-t-il si les taux sont déjà tellement faibles qu'on ne peut les abaisser davantage, comme ce fut le cas, dans certains pays, lors de la récente crise économique ? L'assouplissement quantitatif est un moyen alternatif de desserrer les conditions monétaires, qui consiste à augmenter rapidement la masse monétaire.

La banque centrale crée en effet de l'argent liquide et, en achetant des immobilisations financières comme des emprunts d'État et des obligations corporatives, injecte celui-ci dans le circuit économique. Ceci a pour effet d'abaisser le crédit de détail auquel font face les consommateurs et les entreprises, tout en stimulant l'économie. L'assouplissement quantitatif est la variante d'une forme de politique monétaire appelée « les opérations d'*open market* » où la banque centrale vend des emprunts d'État à court terme. Grâce à l'assouplissement quantitatif, un plus grand nombre de capitaux sont achetés. Puisque son but principal est de faire baisser les coûts d'emprunts, l'assouplissement quantitatif ne doit pas être confondu avec l'impression de monnaie simplement destinée au financement des dépenses publiques.

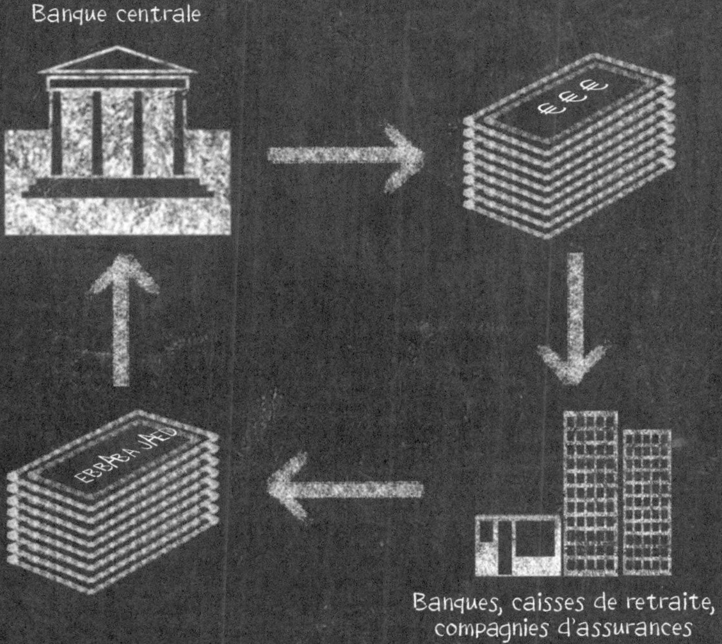
Banque centrale
€€€
Banques, caisses de retraite,
compagnies d'assurances

La politique budgétaire

La politique budgétaire concerne les dépenses publiques et l'impôt; les économistes keynésiens, en particulier, affirment qu'on peut s'en servir pour faire sortir les économies de la récession. Si un État dépense plus ou impose moins, la demande agrégée augmente, stimule la production et fait diminuer le chômage. En abaissant les impôts ou en augmentant les dépenses, la politique budgétaire exploite un effet multiplicateur (voir page 226), c'est-à-dire une augmentation de la demande qui dépasse l'augmentation des dépenses ou la baisse des impôts, car l'argent dégagé en plus est dépensé à maintes reprises lors de son cheminement dans le circuit économique.

Certains économistes font montre de scepticisme quant à l'utilité de la politique budgétaire. Ils doutent que l'accroissement de la demande puisse réellement accroître la production, en particulier à long terme. Ils affirment également qu'une demande plus élevée, consécutive aux dépenses publiques, « évince » l'investissement privé dans la mesure où cette demande fait monter les taux d'intérêt et décourage les investisseurs. À la suite de la récente crise économique, le débat sur l'efficacité de la politique budgétaire a été relancé avec un sentiment d'urgence.

L'économiste britannique John Maynard Keynes s'est fait le promoteur de la politique budgétaire comme outil de gestion des cycles économiques.

Suivre son idée ou suivre la règle

Lorsque Ulysse fit voile vers les sirènes, il ordonna à son équipage de l'attacher au mât de son navire. Ulysse voulait entendre le chant des sirènes, mais il savait que celui-ci était tellement envoûtant que s'il gardait la manœuvre du navire, il voguerait jusqu'à leur île et s'échouerait contre ses rochers. Il savait que la meilleure combinaison possible, à savoir garder le contrôle du vaisseau tout en écoutant le chant à une distance respectueuse, était irréaliste. Il abandonna donc le commandement.

Certaines personnes sont d'avis que la politique économique fait face au même genre de dilemme. Tout comme Ulysse qui garderait le contrôle du navire, les pleins pouvoirs que l'État exerce sur la politique économique ne peuvent que mener à l'échec. L'État promet par exemple un faible taux d'inflation pour telle année mais, l'année suivante, la tentation qu'il aura de gonfler l'économie pour augmenter l'emploi sera irrésistible et aura pour conséquence un taux d'inflation plus élevé. Certains recommandent à l'État de « se laisser attacher au mât » en s'engageant à respecter une et une seule règle établie, et cela quoi qu'il arrive. L'une des façons de procéder consiste à remettre les leviers de la politique économique, par exemple, à une banque centrale indépendante.

Le monétarisme

Le monétarisme est un courant de pensée économique qui accorde une grande importance à la masse monétaire. Conduits par l'économiste américain Milton Friedman (ci-contre), les monétaristes affirmaient qu'à court terme, il existait un lien entre la masse monétaire et la production économique mais qu'à long terme, davantage de monnaie aboutirait simplement à de l'inflation. Selon eux, les tentatives pour régler avec précision l'économie par le truchement d'une politique monétaire active (par exemple en regonflant la masse monétaire pendant les phases de récession) s'avéreraient futiles, car même si des impacts positifs se faisaient sentir à court terme, le décalage entre différentes variables risquerait d'empêcher l'État d'exploiter ces effets ; à long terme, la conséquence en serait une inflation plus élevée. Le monétarisme considère qu'au lieu de jouer avec la masse monétaire en fonction du cycle économique, les États feraient mieux de déterminer un niveau fixe de croissance monétaire et de s'y tenir, indépendamment des conditions économiques. Cela fut essayé pendant un temps, au cours des années 1980, mais il s'avéra difficile pour les États de garder d'une manière aussi stricte le contrôle de la masse monétaire.

Le ciblage de l'inflation

Pendant les années 1980, un certain nombre de politiques monétaires se basèrent sur des cibles à atteindre en termes de croissance de la masse monétaire, mais ces cibles furent difficiles à atteindre. Puisqu'un des objectifs principaux était de parvenir à un taux d'inflation stable et approprié, pourquoi ne pas cibler directement l'inflation ? L'économiste américain John Taylor proposa un ciblage de l'inflation fondé sur l'ajustement, par la banque centrale, des taux d'intérêt, et cela en réponse aux conditions économiques du moment.

Supposons que la cible de maîtrise d'inflation soit arrêtée à 3 %. La règle exigerait une hausse du taux d'intérêt si l'inflation réelle dépassait ces 3 %. Cela calmerait l'économie et abaisserait l'inflation vers le taux désiré. La règle demanderait aussi une hausse des taux d'intérêt quand l'emploi se retrouverait au-dessus de son niveau « naturel » à long terme, et une baisse quand il se retrouverait en dessous. Les récentes décennies ont vu de nombreuses banques centrales adopter des politiques monétaires inspirées de la règle de Taylor. Certains économistes pensent que cela a favorisé la création d'un environnement économique relativement stable, caractérisé par une inflation peu élevée, et qui a duré jusqu'à la crise économique de 2007.

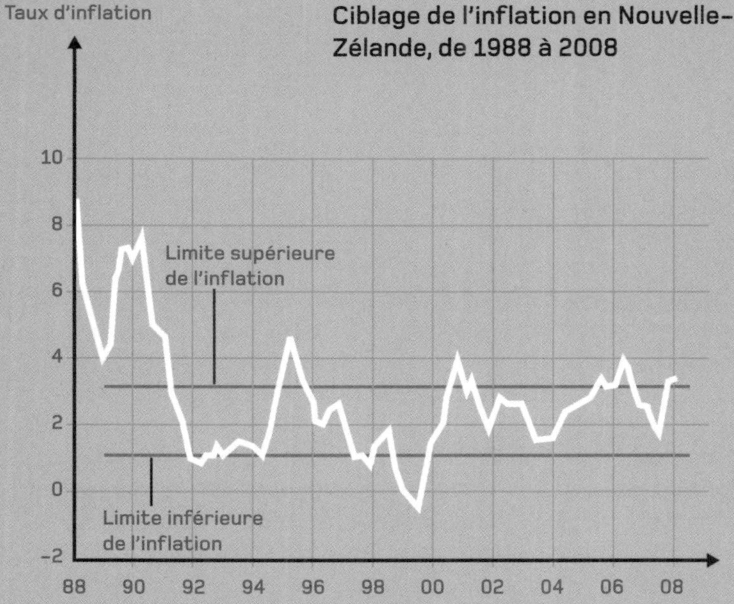

Les politiques de ciblage de l'inflation tentent souvent de maintenir celle-ci entre ses limites supérieure et inférieure.

La critique de Lucas

Pendant les années 1970, l'économiste Robert Lucas critiqua la politique économique alors en cours; ces reproches en vinrent à être connus sous le nom de « critique de Lucas ». Cette critique se rattachait à un courant de pensée qui introduisit dans le champ économique la notion « d'anticipations rationnelles » (voir page 222). Lucas fit remarquer que la politique économique mise en place partait d'un principe de stabilité entre différentes variables: par exemple, un niveau de chômage bas s'accompagne d'une inflation élevée. Il avança qu'en fait, l'activation d'une politique modifierait les relations qui constituaient son socle même parce que les gens, qui anticipent l'avenir de façon rationnelle, s'attendent précisément à ce que cette politique ait un impact et changent de comportement en conséquence, ce qui, bien souvent, sape l'objectif originel de la politique en question. Par exemple, si l'État tente de stimuler l'embauche, les gens s'attendent à l'inflation plus élevée qui en découle et réalisent que cela va diminuer leurs salaires réels; par conséquent, cela ne les encouragera pas à travailler davantage. Ce sera même le contraire. La critique de Lucas, même si elle est fondamentale, dépend des anticipations rationnelles, une présomption que certains remettent en cause.

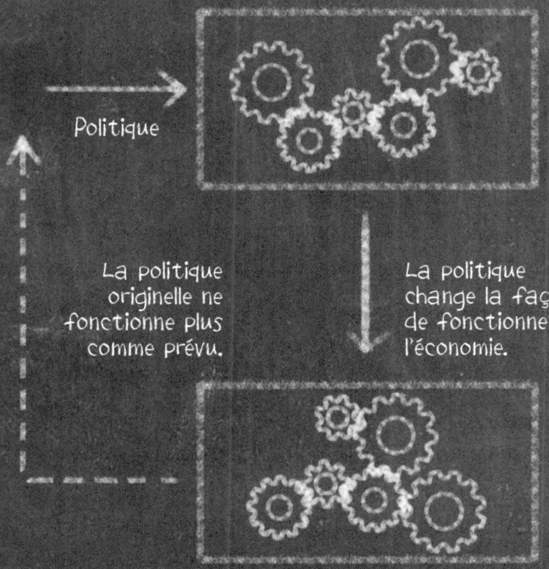
Politique
La politique originelle ne fonctionne plus comme prévu.
La politique change la façon de fonctionner de l'économie.

L'effet d'éviction

Un médicament pour guérir de la récession consiste en une hausse des dépenses engagées par l'État, avec l'espoir que cela mène à une demande suffisamment significative pour que la croissance soit stimulée. Cependant, les dépenses publiques peuvent avoir des effets induits qui vont contrebalancer la hausse de la demande. Le risque est que ces dépenses remplacent les dépenses privées, s'il se trouve qu'elles sont un substitut à ces dernières. Dans ce cas, la demande accrue suscitée par les dépenses publiques pourrait être partiellement ou complètement neutralisée par une chute des dépenses dans certains secteurs du privé. Même les dépenses consacrées à la défense nationale et au réseau routier, biens publics que le secteur privé ne peut facilement prendre en charge (voir page 58), peuvent engendrer un effet d'éviction. L'accroissement de la demande agrégée fait monter les taux d'intérêt, car les gens et les entreprises demandent davantage d'argent. Des taux d'intérêt plus élevés freinent l'investissement du secteur privé, ce qui retarde la stimulation initiale de l'économie. Toute la question pour les économistes, alors, est de savoir si l'effet d'éviction est suffisamment important ou non pour disperser complètement l'impact des dépenses publiques.

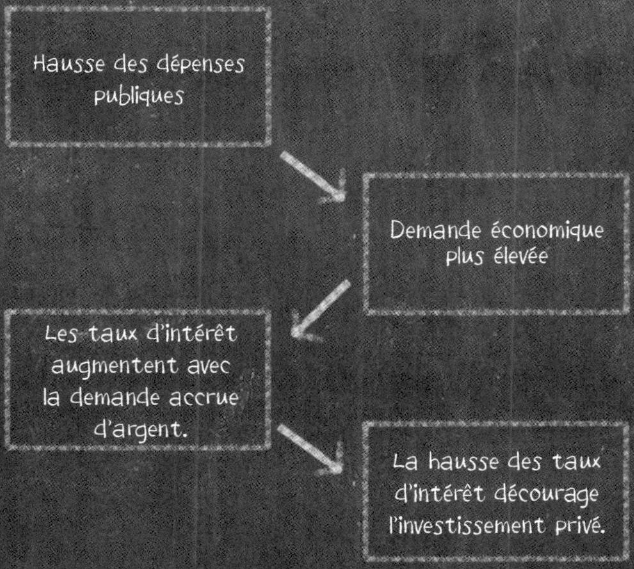
Hausse des dépenses publiques
Demande économique plus élevée
Les taux d'intérêt augmentent avec la demande accrue d'argent.
La hausse des taux d'intérêt décourage l'investissement privé.

L'économie de l'offre et la courbe de Laffer

Les années 1980 ont vu la désaffection pour les politiques gouvernementales de gestion de la demande. L'attention s'est reportée sur la mise en valeur de l'offre, c'est-à-dire la façon dont on pourrait accroître la productivité des entreprises et des salariés. On pensait que des taxes élevées étouffaient les motivations et, par conséquent, entravaient l'offre. Ce qui était sous-entendu, c'est qu'une baisse des impôts stimulerait l'économie. L'économiste américain Arthur Laffer mit en évidence un rapport entre le taux d'imposition et les recettes publiques; on appelle cette relation « la courbe de Laffer ». On pourrait penser qu'une baisse du taux d'imposition réduirait les recettes publiques mais, en fait, la courbe de Laffer suggère que cela ne se produirait pas systématiquement. Lorsque les impôts sont très élevés, les gens ont moins envie de travailler; par conséquent, la production économique se resserre, ce qui diminue les recettes publiques. À partir de là, une baisse du taux d'imposition est dépassée par la hausse de la productivité stimulée, ce qui a pour effet d'augmenter l'ensemble des recettes fiscales. En pratique, les choses ne sont pas aussi simples, car l'économie de l'offre met en jeu des mesures plus vastes telles que la réforme réglementaire et la privatisation.

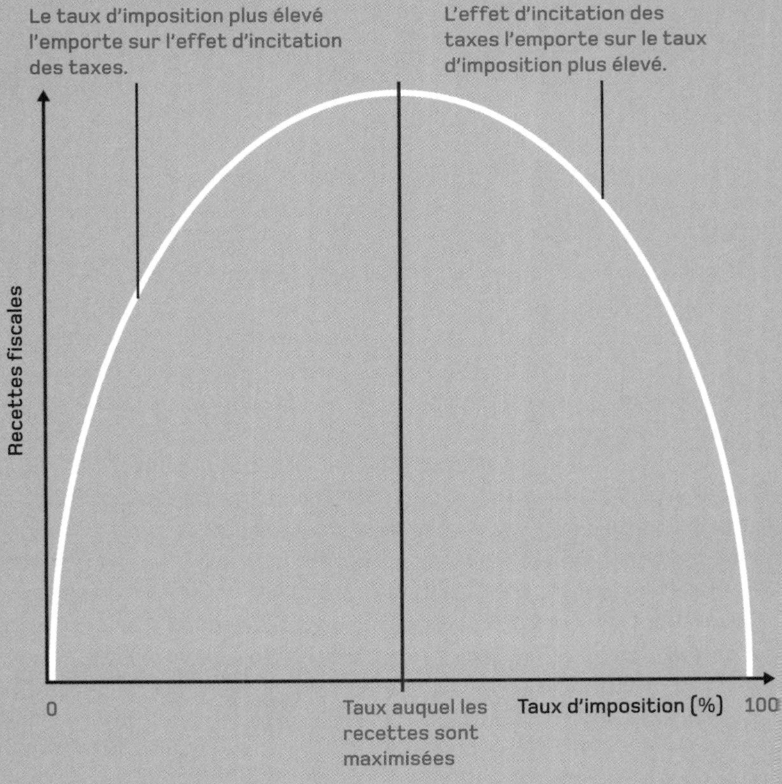
Le taux d'imposition plus élevé l'emporte sur l'effet d'incitation des taxes.
L'effet d'incitation des taxes l'emporte sur le taux d'imposition plus élevé.
Recettes fiscales
0
Taux auquel les recettes sont maximisées
Taux d'imposition (%)
100

L'équivalence ricardienne

Un État peut financer des dépenses en empruntant ou en levant un impôt. Les économistes keynésiens pensent que les États peuvent sortir les économies de la récession grâce à l'emprunt puis à la dépense des recettes. Des dépenses uniquement basées sur des impôts ne seraient pas efficaces parce que l'accroissement de la dépense serait retardé par la hausse fiscale. La théorie de l'équivalence ricardienne, énoncée par l'économiste anglais du XIXe siècle David Ricardo (ci-contre), contredit ce raisonnement: elle affirme que la façon dont un État finance ses dépenses n'a aucun effet, en particulier pour les personnes privées qui ne réagiront pas à une stimulation des dépenses publiques basée sur l'emprunt car elles s'attendent à ce que l'État soit contraint d'augmenter les impôts, par la suite, afin de rembourser ses prêts. Des versions récentes de cette théorie ont montré que, pour que l'équivalence ricardienne soit recevable, les gens devraient se comporter de manière rationnelle et se livrer à des calculs précis au sujet de leur consommation future et des effets probables des politiques gouvernementales; autant de conditions difficiles à réunir concrètement. Néanmoins, cette théorie pose des questions utiles quant aux limites assignées à un État en ce qui concerne ses dépenses et ses emprunts.

Les banques centrales indépendantes et l'incohérence temporelle

Au cours des récentes décennies, beaucoup de pays ont choisi de rendre indépendantes leurs banques centrales. Si le contrôle de ces banques revient à l'État, ce sont les politiciens qui définissent les politiques monétaires (les taux d'intérêt et la masse monétaire). Lorsque les banques fonctionnent de façon indépendante, c'est un comité apolitique d'experts qui détermine ces politiques. L'argument en faveur de l'indépendance vient de la prise de conscience que, lorsqu'un État concrétise sa politique monétaire, il devient souvent son propre pire ennemi. Supposons qu'un État promette de maintenir l'inflation à un niveau bas. Une telle promesse n'est pas crédible parce que l'État déteste le chômage et finira par stimuler la demande afin de réduire celui-ci, ce qui entraînera une inflation (voir page 254). Chacun s'attend à une inflation plus élevée et à ce que des salaires plus élevés soient neutralisés par des prix eux-mêmes en hausse. Par conséquent stimuler la demande n'a aucun effet sur le chômage; cela ne débouche que sur une inflation élevée. Dans une situation de ce type, on dit que l'objectif d'une inflation basse est « une incohérence temporelle ». Conférer un pouvoir à un comité indépendant dont on pense qu'il s'engagera à ne pas créer d'inflation est une manière de résoudre ce conflit des politiques.

Le déficit budgétaire et l'excédent

Quand un État dépense plus qu'il ne collecte d'impôts, il subit un déficit budgétaire. Lorsque les recettes fiscales excèdent les dépenses, il a un excédent. En période de récession, le chômage augmente, les aides sociales aussi, tandis qu'au même moment les recettes fiscales chutent et l'activité économique baisse. La conséquence en est que le budget se transforme en déficit. À l'inverse, en période d'expansion, les recettes fiscales sont élevées tandis que l'ensemble des aides sociales reste bas, ce qui engendre un excédent (voir page 228).

La part de déficit causée par le cycle économique s'appelle un « déficit cyclique ». Sur la durée du cycle, de tels déficits devraient être compensés par les excédents. Le déficit structurel, quant à lui, est la part de déficit qui échappe aux facteurs cycliques. Il peut survenir si l'État investit dans des infrastructures que l'impôt ne finance pas. Les économistes ont des avis différents sur la question du budget: certains pensent que les déficits sont un moyen utile de régler avec précision l'économie, alors que d'autres sont préoccupés par la dette qui s'accumule à cause de déficits continus.

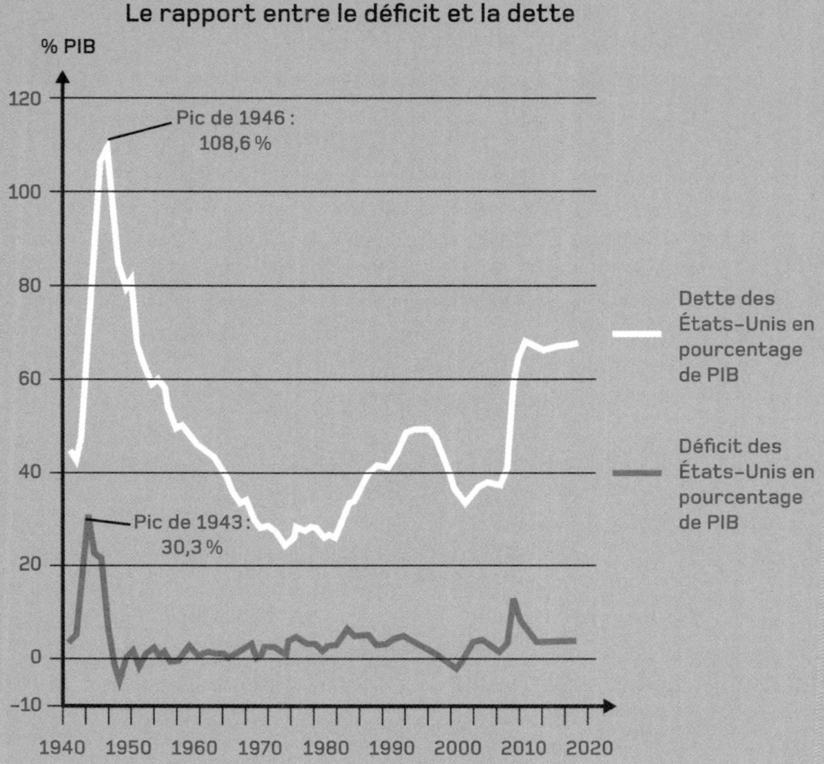
Le rapport entre le déficit et la dette
% PIB
120
100
80
60
40
20
0
-10
Pic de 1946 :
108,6 %
Pic de 1943 :
30,3 %
1940
1950
1960
1970
1980
1990
2000
2010
2020
Dette des États-Unis en pourcentage de PIB
Déficit des États-Unis en pourcentage de PIB

L'équilibre budgétaire

La classe politique chante souvent les vertus de « l'équilibre budgétaire » et s'assure que les dépenses publiques sont égales aux recettes fiscales de façon à ce qu'il n'y ait ni déficit ni excédent. Une version rigoureuse demanderait un compte de résultat annuel, mais cela est difficile à réaliser car le budget connaît nécessairement un déficit pendant une phase de récession, dans la mesure où l'État est obligé de dépenser plus en allocations chômage tout en prélevant moins d'impôts, retournant ainsi au surplus dans les périodes de forte croissance.

La plupart des économistes ne préconisent pas d'équilibrer le budget année par année. Certains recommandent de l'équilibrer « sur la durée du cycle »; ils veulent dire par là que, hormis les effets cycliques, le budget conserve son équilibre. Les déficits supposent une accumulation de la dette qu'il reviendra aux générations futures de rembourser. Cela signifie que moins de ressources sont préservées, ce qui entraîne une hausse des taux d'intérêt et une baisse conjointe de l'investissement. D'autres économistes se montrent beaucoup plus optimistes au sujet des déficits: ceux-là affirment que des réductions de dépenses dans certains secteurs, par exemple la santé publique et l'éducation, pourraient vraiment réduire la croissance.

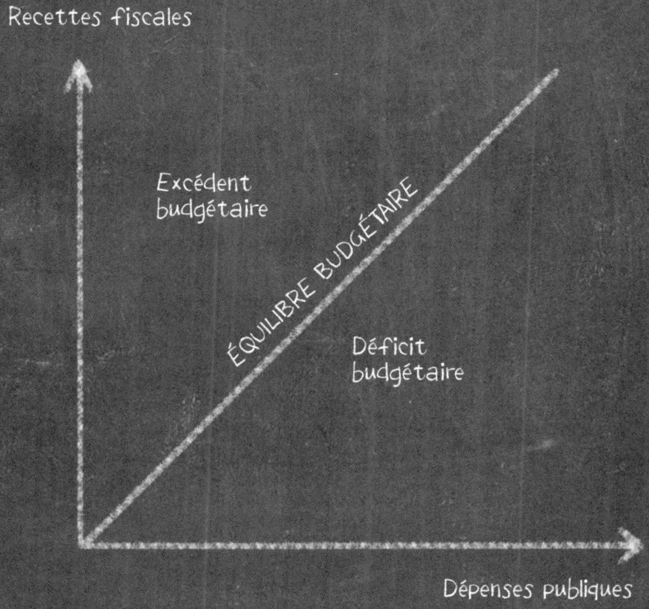

Recettes fiscales
Excédent budgétaire
ÉQUILIBRE BUDGÉTAIRE
Déficit budgétaire
Dépenses publiques

La dette publique

On dit parfois qu'un pays est comme un être humain : il doit vivre à la hauteur de ses moyens et honorer ses dettes. Une des différences, cependant, est qu'un individu prend sa retraite et meurt, alors qu'un pays produit indéfiniment ; cela signifie que les pays ne sont pas tenus de régler leurs dettes. La dette d'un pays est durable quand il est en mesure de faire face à l'intérêt et autres obligations de paiement ; il ne peut d'ailleurs y parvenir que si sa dette ne dépasse pas une fraction raisonnable du PIB. Tant que son économie se développe à long terme, il peut accepter de s'endetter encore davantage.

Les problèmes surgissent quand la fraction de dette dans le PIB est tellement élevée que l'État est incapable de la payer. Même avant d'en arriver là, il y a lieu de s'inquiéter devant l'accumulation de la dette, car si elle rend possible une plus grande consommation sur l'instant, en revanche il y a moins d'investissements, ce qui nuit aux générations futures. Certains économistes estiment que la dette ne permet même pas aux gens de consommer plus aujourd'hui, et cela parce qu'ils s'attendent à de futures hausses d'impôts. Une dette trop importante peut aussi alimenter l'inflation ou mettre à mal la solvabilité d'un État.

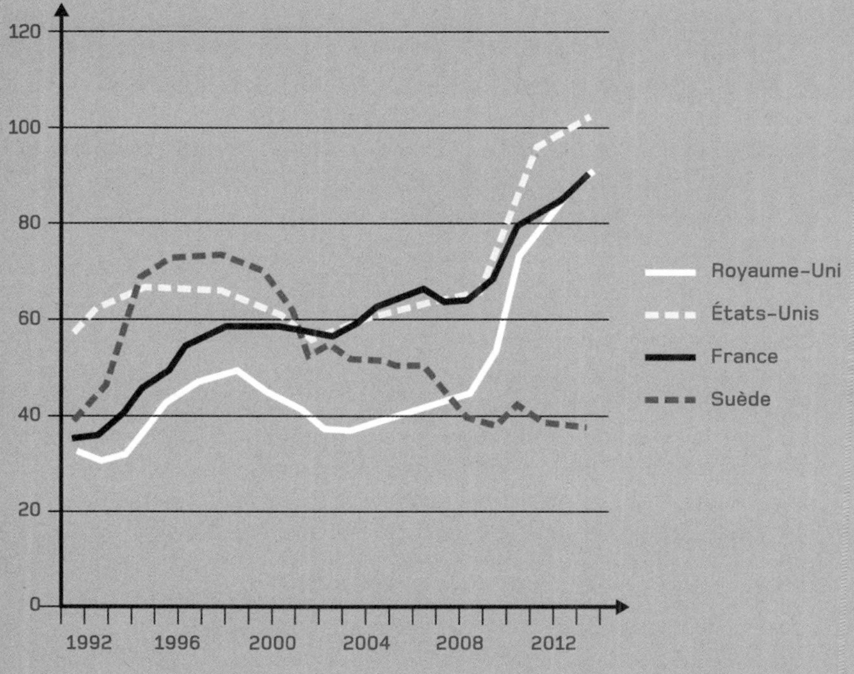
120
100
80
60
40
20
0
1992
1996
2000
2004
2008
2012
Royaume-Uni
États-Unis
France
Suède

L'incidence fiscale

L'incidence fiscale se propose d'étudier qui, au bout du compte, porte le poids d'une dette. Ce n'est pas forcément la même personne qui paie officiellement les autorités fiscales. Quand les gens parlent des entreprises qui font endosser aux consommateurs les taxes par le biais de prix plus élevés, c'est bien cela qu'ils ont en tête (voir page 178). Supposons que l'État lève un impôt sur la peinture : la taxe fait office de coût de production, donc incite les fabricants à fournir moins de peinture. Une offre plus basse, à son tour, entraîne un prix plus élevé, par conséquent l'acheteur et le vendeur y perdent tous les deux, car le dernier ne vend pas autant et le premier paie plus cher. Supposons à présent que les acheteurs soient relativement insensibles aux changements de prix (peut-être parce qu'il existe peu d'alternatives à l'utilisation de la peinture). S'ils sont moins sensibles aux changements de prix que les fournisseurs, ils accepteront plus facilement le poids de l'impôt, ce qui fait qu'une plus grande fraction de ce dernier sera transférée sur eux sans que cela affecte trop la demande. Inversement, si les acheteurs sont sensibles à la hausse des prix (par exemple s'ils veulent acheter du papier peint plutôt que de la peinture), alors le vendeur devra supporter la plus grande partie de l'impôt.

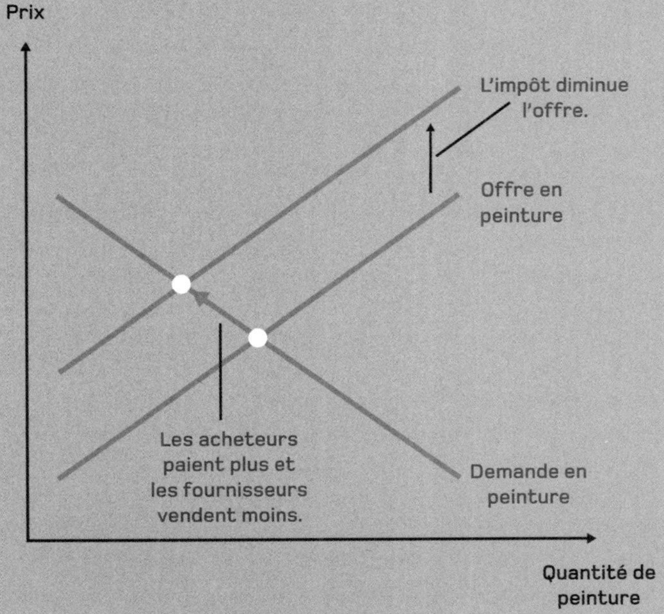

Prix
L'impôt diminue
l'offre.
Offre en
peinture
Les acheteurs
paient plus et
les fournisseurs
vendent moins.
Demande en
peinture
Quantité de
peinture

L'impôt direct et l'impôt indirect

Un impôt direct est prélevé sur des personnes ou des entreprises qui paient directement les autorités fiscales; normalement, il n'existe aucune possibilité de se demander si on va payer ou non. Des entreprises et des salariés, par exemple, paient l'impôt sur le revenu à partir de leurs propres profits. En revanche, les impôts indirects ne sont pas prélevés sur des personnes privées. Ils sont généralement prélevés par des intermédiaires, comme un commerce, puis transférés à l'État. La forme la plus courante d'impôt indirect est une taxe sur les transactions comme, par exemple, une taxe sur la vente. Si on s'abstient d'acheter, on ne paie pas cet impôt.

On pense parfois que l'impôt indirect, comme la taxe sur la vente, est préférable à l'impôt sur le revenu parce que la pression fiscale sur le travail démotive les gens. Cependant, même les impôts indirects diminuent le revenu réel par l'augmentation des prix; par ailleurs, les taxes prélevées sur certains produits, plutôt que sur d'autres, déforment les prix relatifs des biens et poussent les marchés à fonctionner de manière moins efficace. On reproche donc aux impôts indirects d'avoir un caractère « régressif »: des catégories de revenus plus basses, au final, paient relativement plus cher un impôt considéré comme une part de leur revenu.

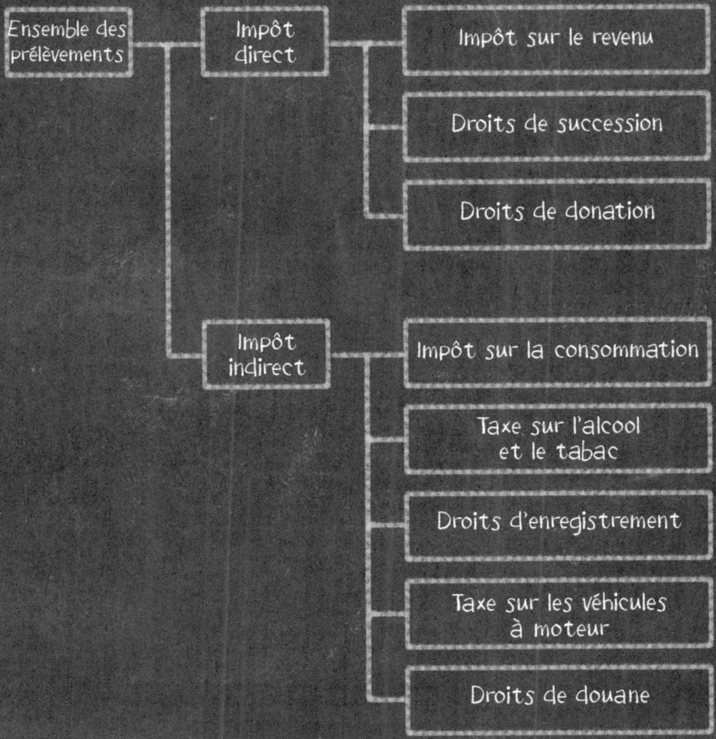

Ensemble des prélèvements
Impôt direct
Impôt sur le revenu
Droits de succession
Droits de donation
Impôt indirect
Impôt sur la consommation
Taxe sur l'alcool et le tabac
Droits d'enregistrement
Taxe sur les véhicules à moteur
Droits de douane

La perte sèche

Les bénéfices engrangés par l'imposition ont un coût dans la mesure où ils interfèrent avec le mécanisme du marché. Les taxes sur les biens augmentent le prix de certains biens relativement à d'autres, tandis que l'impôt sur le revenu réduit le salaire net, ce qui mène à ce qu'on appelle des « pertes sèches ».

Supposons que l'État augmente l'impôt sur le revenu. Cela va diminuer le revenu disponible mais augmenter les recettes destinées aux dépenses publiques. Ce taux d'imposition plus élevé fait que certaines personnes travaillent moins, dégradant ainsi leur bien-être ; l'État, de son côté, ne dégage pas de recettes supplémentaires qui pourraient compenser la baisse du nombre d'heures de travail. C'est une perte sèche pour l'économie. Les effets incitatifs proviennent du taux marginal d'imposition ; il s'agit du taux calculé pour une heure supplémentaire de travail. Lorsqu'il est élevé, il ne vaut peut-être pas la peine de travailler davantage. Les taux marginaux ont tendance à être plus bas au niveau des bas salaires. Il en résulte qu'à des niveaux élevés, le taux moyen d'imposition (la part de revenu total destinée à l'impôt) est souvent très inférieur au taux marginal.

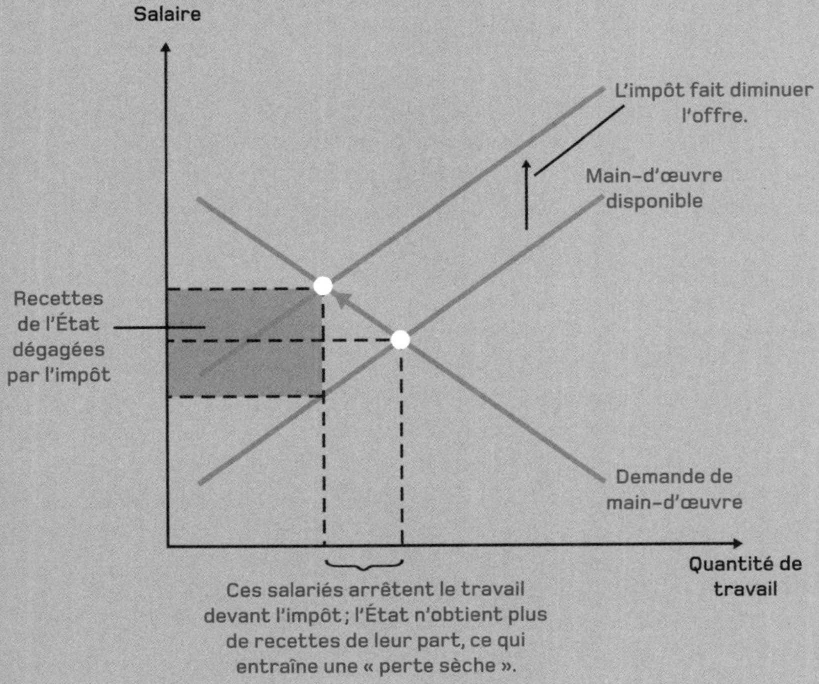
Salaire
L'impôt fait diminuer l'offre.
Main-d'œuvre disponible
Recettes de l'État dégagées par l'impôt
Demande de main-d'œuvre
Quantité de travail
Ces salariés arrêtent le travail devant l'impôt ; l'État n'obtient plus de recettes de leur part, ce qui entraîne une « perte sèche ».

La taxation forfaitaire

Les économistes considèrent que l'imposition est un mal nécessaire : les gens ont besoin des États, mais les impôts ont des effets incitatifs qui entravent les marchés ; par exemple, l'impôt sur le revenu peut pousser les gens à moins travailler. Les taxes forfaitaires sont des sommes fixes que tout le monde est censé payer, quel que soit son salaire. Leur importance provient du fait qu'elles ne produisent pas d'effets incitatifs. Parce que les décisions relatives au travail ne modifient en rien ma déclaration de revenus, je ne tiens pas compte de cet impôt quand je décide quelle quantité de travail je fournirai : en effet, le taux marginal d'imposition (c'est-à-dire le taux d'imposition de tout travail supplémentaire) pour la taxation forfaitaire est de zéro.

En ce sens, les taxes forfaitaires n'interfèrent pas avec les incitations du marché. Cependant, le taux moyen (la fraction du revenu total payée par l'impôt) pour une taxe forfaitaire est plus élevé quand les catégories de revenus sont basses, ce qui fait d'elle une taxe « régressive ». Pour un revenu de 10 000 €, une taxe forfaitaire de 1 000 € sous-entend un taux moyen de 10 %. Pour 1 000 € de revenus, le taux serait de 100 %. Les plus démunis paient en proportion davantage, donc malgré l'efficacité de la taxation forfaitaire, certains pensent que celle-ci est injuste.

La mise en place, par le gouvernement britannique, d'une taxation forfaitaire en 1989-1990 (surnommée « the *poll tax* », soit « la capitation ») déclencha des manifestations dans tout le pays devant ce qui avait été perçu comme une injustice.

La fiscalité redistributive

Pour qu'il y ait des écoles et des hôpitaux, l'État doit imposer sa population. Comment, cependant, la charge fiscale doit-elle être répartie ? Les économistes se concentrent souvent sur l'impact de la fiscalité sur l'efficacité économique. Par exemple, un impôt fixé à 500 € pour tout le monde est efficient parce qu'il n'a pas d'influence sur la façon dont les gens travaillent, mais il peut également être perçu comme une mesure injuste. Beaucoup pensent que ceux qui ont plus de facilité à payer devraient contribuer davantage.

Toutes les taxes redistribuent le revenu d'une manière ou d'une autre, mais la taxe redistributive, en plus de prélever les revenus, a également pour objectif de rendre plus équitable leur redistribution. Des fiscalités progressistes fixent un taux d'imposition plus élevé pour les riches, selon le principe que ceux qui peuvent plus aisément payer devraient payer plus, et font aussi en sorte que la répartition du revenu soit plus égale. Dans des systèmes proportionnels, tous les contribuables paient la même fraction de revenu. Dans des fiscalités régressives, même si les riches peuvent payer davantage dans l'absolu, ils paient concrètement une fraction de leurs revenus inférieure à celle que paient les plus démunis.

Proportions des revenus et des contribuables pour le Royaume-Uni, en 2009-2010

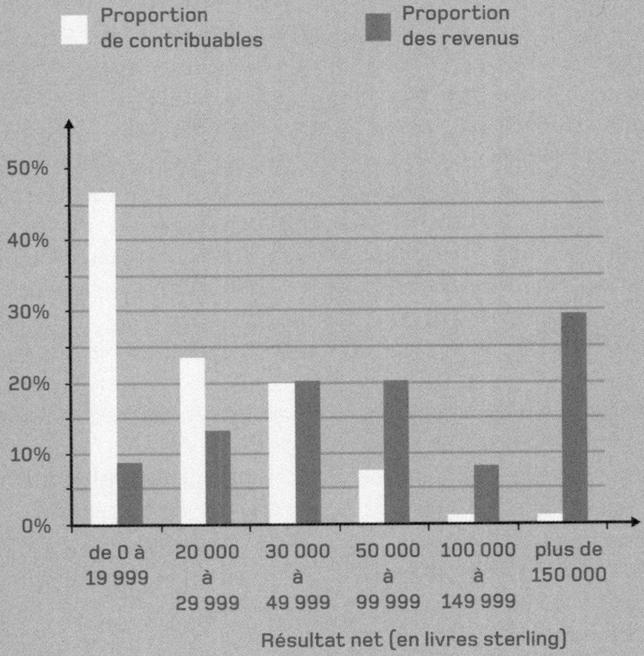

L'état-providence

Il est inévitable que des gens perdent leur emploi, tombent malades et deviennent trop vieux pour travailler. Pour faire face à de telles situations, les États financent les soins de santé et permettent l'accès à la sécurité sociale en payant un revenu de base aux personnes qui n'ont pas les moyens de pourvoir à leurs propres besoins. Pourquoi les marchés privés ne peuvent-ils faire cela en assurant les gens contre la maladie ou le chômage ? Les économistes ont désormais compris comment des déséquilibres de l'information entre acheteurs et vendeurs entraînent souvent un mauvais fonctionnement du marché des assurances. Par exemple, il est difficile de distinguer les gens en bonne santé de ceux qui ne le sont pas ; les assureurs, en conséquence, considéreront comme malade toute personne qui viendra leur demander une assurance maladie. Ceci augmente les primes et signifie que certaines personnes n'obtiendront pas d'assurance. Un raisonnement en faveur de l'assurance sociale ou de la prise en charge, par l'État, des soins de santé est le contournement de ces défaillances des marchés. L'inconvénient que présente l'État-providence est le fait qu'il peut générer des effets incitatifs indésirables : si, par exemple, les soins sont pris en charge, les gens peuvent se mettre à négliger leur santé. Le débat, par ailleurs, se poursuit au sujet des allocations chômage dont on cherche à déterminer dans quelle mesure elles encouragent les gens à ne pas travailler.

FOODS SERVI

L'épargne retraite

Les économistes voient les revenus, l'épargne et la consommation d'une personne comme autant de phénomènes déployés tout au long d'une vie; les gens gagnent de l'argent qu'ils économisent pendant leur jeunesse et dont ils se serviront sur leurs vieux jours (voir page 224). Les gens peuvent mettre de côté pour leur vieillesse par le biais de l'épargne retraite. L'État octroie aux personnes âgées un revenu de retraite de base; s'il intervient ici, c'est pour régler les problèmes inhérents au financement en revenus de retraite au niveau du marché. D'eux-mêmes, les gens peuvent éprouver des difficultés à prévoir à long terme des sources de revenus. Il peut s'avérer ardu d'obtenir les renseignements nécessaires et de savoir comment les exploiter.

Par ailleurs, un financement privé des retraites doit faire face au problème éventuel de la longévité de certaines personnes; ceux qui achètent des retraites sont, selon toute vraisemblance, ceux qui s'attendent à vivre longtemps. Comme cela entraînerait une perte pour le vendeur, les marchés privés auront tendance à sous-approvisionner, ce qui est une raison de plus pour que l'État prenne en charge le problème. Depuis peu néanmoins, dans les pays occidentaux, des retraites prises en charge par les employeurs, parallèlement à l'État, deviennent un phénomène plus courant.

Le contrôle des prix et les subventions

Parfois, les États limitent les prix au sein des marchés clés. Les lois sur le salaire minimum imposent un plancher, tandis que le contrôle des loyers impose un plafond aux frais de logement. La plupart de ces mesures ont été mises en place afin d'aider les plus démunis, mais lorsqu'on touche à des prix déterminés par l'offre et la demande, contrôler tout cela revient cher.

Supposons qu'un loyer mensuel de 600 € aligne l'offre en appartements sur la demande : cela veut dire que pour 600 €, toute personne qui demande un appartement peut en louer un. L'État, cependant, décide un plafonnement à 500 €. La demande d'appartements augmente et l'offre chute, ce qui fait que tout le monde ne peut plus trouver un logement de ce type. Par conséquent, les appartements doivent faire l'objet d'une distribution par des moyens ne relevant pas de l'économie de marché. Ceux qui sont prêts à attendre longtemps, ou ceux qui connaissent des personnes bien placées, en obtiendront peut-être un. Au fil du temps, de moins en moins de nouveaux appartements sont construits et la pénurie s'aggrave. Le contrôle des loyers aide ceux qui disposent d'un appartement mais écarte les autres. Le prix plancher a un effet inverse car il amène des excédents. Les défenseurs du contrôle des prix soutiennent que les bénéfices sociaux engendrés par ceux-ci l'emportent sur des coûts de ce type.

Comment le plafonnement des loyers engendre un excédent de la demande.

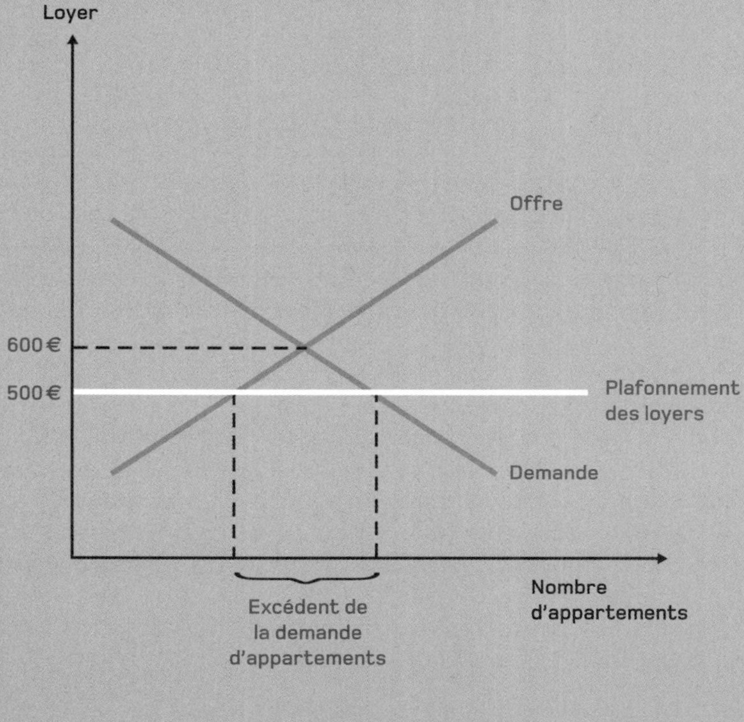

Le salaire minimum

Depuis 1999, le Royaume-Uni applique un salaire minimum légal. Quels sont les arguments pour et contre une telle mesure ? Un salaire minimum entrave le fonctionnement normal du marché du travail dans lequel ce sont l'offre et la demande qui déterminent les rémunérations. Le salaire minimum représente habituellement une fraction du salaire moyen, par conséquent il n'a pas d'impact sur la plupart des secteurs qui composent le marché du travail.

Dans les secteurs à bas salaires, cependant, le salaire minimum se fait sentir. Là où un minimum imposé augmente effectivement le salaire, la main-d'œuvre disponible s'accroît et la demande baisse. Parce qu'il y a plus de gens qui cherchent du travail que de gens qui en proposent, le chômage en est la résultante et le salaire ne peut diminuer pour aligner de nouveau l'offre et la demande. Pour cette raison, certains économistes critiquent le recours au salaire minimum. D'autres pensent que l'effet de chômage créé par ce type de salaire est limité et que tous les inconvénients qu'il présente sont contrebalancés par l'amélioration du niveau de vie des travailleurs à bas salaires.

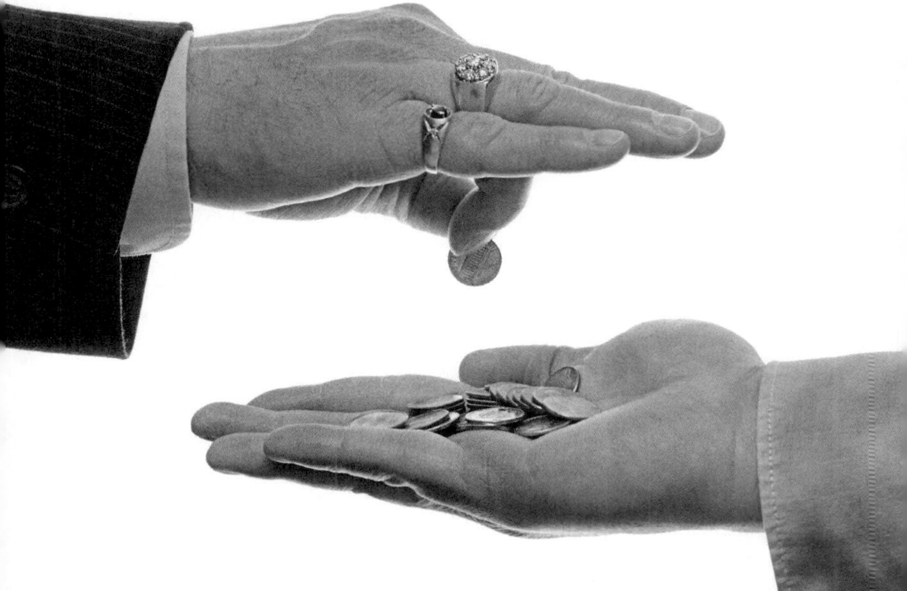

La politique de concurrence

L'économie voit la concurrence comme un chemin vers une distribution efficiente des ressources : lorsque les entreprises se font concurrence, elles fournissent à bas prix ce que les consommateurs veulent obtenir. Cependant, les marchés s'écartent de cet idéal. L'objectif du droit à la concurrence est de garantir celle-ci. Supposons que Régalait envisage une fusion avec Belle Fermière. Ces deux entreprises sont deux fournisseurs importants de beurre ; si elles unissaient leurs forces, elles contrôleraient 75 % du marché du beurre. La question que se posent alors les autorités de concurrence est de savoir si cette grande part de marché acceptera que le résultat de cette fusion se comporte comme un monopole et augmente les prix. Si c'est le cas, les autorités peuvent en interdire la fusion. S'il existait des produits que les consommateurs verraient comme des substituts au beurre (peut-être la margarine), alors cette part de 75 % impliquerait un pouvoir de marché moins grand. D'autres pratiques auxquelles la politique en matière de concurrence tente de s'opposer comprennent la collusion entre sociétés afin de fixer les prix sous forme de cartels (voir page 168) ainsi que l'usage, à des fins de prédation commerciale, de prix très bas, cela afin d'exclure du marché toute concurrence (voir page 172).

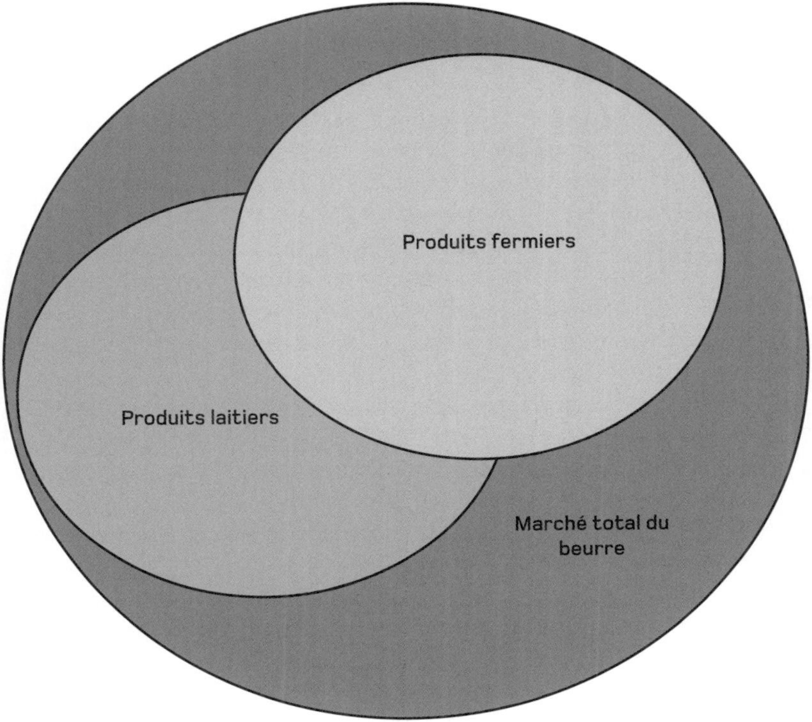
Produits fermiers
Produits laitiers
Marché total du beurre

La réglementation

Même au sein des économies de marché, les États réglementent le commerce d'où la concurrence est absente. Les « monopoles naturels », comme celui de l'alimentation en eau potable, voient leurs coûts moyens baisser au fur et à mesure que leur production augmente, et cela grâce à des investissements initiaux massifs. Une seule grande entreprise reviendra moins cher que plusieurs entreprises qui travaillent sur différents secteurs; cela dit, comment faire pour que le monopoleur ne fasse pas payer des factures astronomiques ? La quantité la plus efficace de production d'eau est celle dont le prix (la valeur que les consommateurs accordent à l'unité minimale d'eau) est égal à son coût de production (le coût marginal). Afin d'accroître les bénéfices, les monopoleurs produisent moins et font payer plus cher. L'autorité de concurrence pourrait contraindre le fournisseur d'eau à maintenir sa production jusqu'à ce que le prix et les coûts marginaux soient égaux mais, à ce niveau élevé de production, le prix baisse tellement que le monopoleur naturel ne recouvre plus ses coûts moyens et subit des pertes. Une solution à ce problème est de subventionner ce monopoleur; une autre est d'établir un plafonnement des prix qui permet à l'entreprise de rester viable. Toutes ces solutions présentent des inconvénients; par conséquent, la réglementation est complexe et fait souvent l'objet de querelles politiques.

Des prestations d'utilité publique, comme l'alimentation en eau potable, sont des monopoles naturels et font donc souvent l'objet d'une réglementation imposée par l'État.

La taxe sur la pollution

Lorsque la boue résiduelle produite par des opérations minières réduit la fertilité du sol environnant, entraînant ainsi des pépinières voisines à produire moins de fleurs, on appelle cela une « externalité » (voir page 52). La boue constitue un coût pour la société parce qu'elle abaisse la production florale et les bénéfices réalisés par les pépiniéristes. Les mines, cependant, n'en tiennent pas compte : elles finissent par produire « trop » de charbon et de pollution. L'État pourrait les obliger à être moins polluantes, ou lever un impôt sur la pollution afin que les mines versent une somme pour chaque tonne de boue produite.

On fait en sorte qu'une taxe de ce genre soit fixée à un niveau qui prendra en compte tous les coûts et bénéfices pour la société. Elle contraint les mines à ne pas esquiver le coût social de leurs activités là où les prix du marché ne s'en occupaient pas ; d'un certain point de vue, elles « internalisent » leur externalité. Les taxes permettent aux pollueurs de réagir de différentes manières : certains n'ont pas de mal à moins polluer mais, pour d'autres, cela est très coûteux ; ces derniers, dans ce cas, réduisent moins leur pollution et paient une taxe plus lourde. Dans l'ensemble, cette mesure permet une répartition plus efficace des efforts à entreprendre, dans le secteur minier, afin de mieux préserver l'environnement.

Le coût d'une vie humaine

Un conseil municipal doit-il embaucher un nouveau maître nageur pour sa piscine ? Pour parvenir à prendre cette décision, le conseil doit comparer le coût salarial aux bénéfices en termes de vies sauvées. Mais comment peut-on exprimer en argent la valeur d'une vie ? La vie n'a pas de prix, n'est-ce pas ? Parce que les ressources sont peu abondantes, attribuer une valeur infinie à la vie est une absurdité : le conseil municipal se verrait obligé de dépenser des sommes illimités afin de garantir la sécurité ; il devrait engager des centaines de maîtres nageurs, installer une vidéosurveillance et faire construire un centre médical près de la piscine. Au final, de nombreuses ressources seraient retirées aux écoles, aux hôpitaux et au ramassage des ordures. En réalité, on n'engage du personnel de piscine que pour réduire les risques à un niveau raisonnable.

Les économistes pensent qu'il doit bien exister une valeur implicite accordée à la vie puisqu'on détermine dans quelle mesure il est profitable de renforcer la sécurité. Ils calculent cette valeur en examinant combien les gens sont prêts à payer pour l'élimination des risques : par exemple, on peut étudier la différence de salaires entre les métiers à risques et les métiers moins dangereux. Selon certaines études, le prix de la vie aux États-Unis est estimé à 7 millions de dollars.

L'avantage comparatif

Supposons que la France soit très forte pour fabriquer des fromages, et la Grande-Bretagne de la bière. Si la France se spécialise en fromages, la Grande-Bretagne en bières et que ces pays nouent des relations commerciales, tous les deux y gagneront : les Français auront de la bière à meilleur prix et les Britanniques du fromage meilleur marché. La théorie de l'avantage comparatif montre que même si la Grande-Bretagne n'était compétente dans aucun de ces deux domaines, il y aurait tout de même des bénéfices à retirer de la spécialisation et du commerce. Imaginons que pour obtenir un tonnelet supplémentaire de bière, la Grande-Bretagne doive renoncer à produire deux meules de fromage tandis que la France devra renoncer à trois meules de fromage pour faire un tonnelet supplémentaire. La Grande-Bretagne dispose d'un avantage comparatif dans sa production de bière parce que le « coût » de la bière supplémentaire, en termes de fromage, est inférieur à celui de la France. Cela peut être le cas même si, dans l'absolu, la France est plus compétente dans la fabrication de ces deux biens. Les deux pays peuvent malgré tout réaliser des bénéfices si la Grande-Bretagne se spécialise dans la bière et la France dans le fromage. Qu'est-ce qui détermine l'avantage comparatif des pays ? La disponibilité du capital et de la main-d'œuvre, au sein d'un pays, est un facteur, bien qu'à long terme il soit plus compliqué de comprendre comment des pays développent des avantages comparatifs.

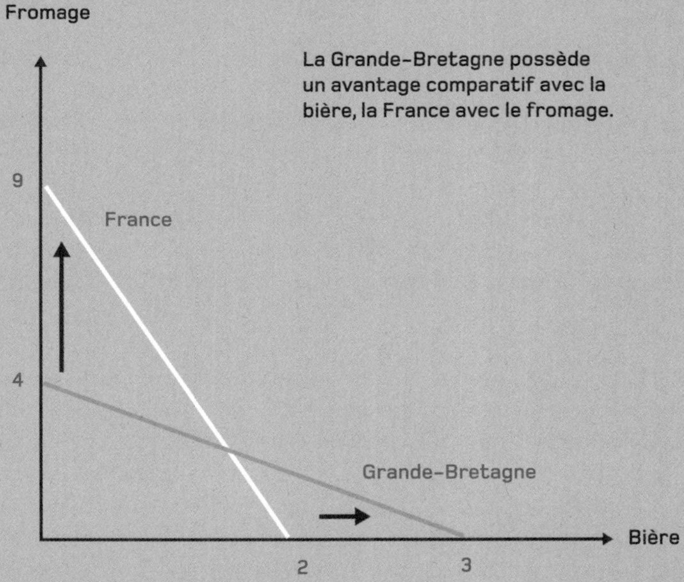
Fromage
La Grande-Bretagne possède
un avantage comparatif avec la
bière, la France avec le fromage.
9
France
4
Grande-Bretagne
Bière
2
3

La balance des paiements

La balance des paiements, pour un pays donné, est un registre de paiements et de recettes établi entre des sociétés et des individus de ce pays mais aussi de l'étranger. La balance des paiements est toujours en équilibre car les paiements *totaux* égalent les recettes *totales*, et seuls des composants de la balance globale des paiements peuvent se retrouver en déficit ou en excédent. Par exemple, si les États-Unis exportent pour 10 millions de dollars de téléphones portables à destination de la Grande-Bretagne et que celle-ci ne vend rien aux États-Unis, alors la Grande-Bretagne connaît ce qu'on appelle un « déficit commercial » de 10 millions de livres sterling, mais les hommes d'affaires américains détiennent à présent un supplément de capital britannique d'une valeur de 10 millions de livres sterling, ce qui constitue un surplus dans la « balance des capitaux », c'est-à-dire le segment de la balance des paiements qui enregistre les flux de capitaux entre les pays.

Les déficits commerciaux inquiètent souvent les gens car ils peuvent voir le jour si la basse productivité des entreprises de leur pays fait que des biens nationaux ne sont pas compétitifs au niveau international. Les déficits commerciaux, néanmoins, s'expliquent de nombreuses manières ; toutes ne sont pas négatives. Par exemple, un pays peut se développer rapidement, construire beaucoup de routes et, par conséquent, importer de grandes quantités de macadam et d'acier.

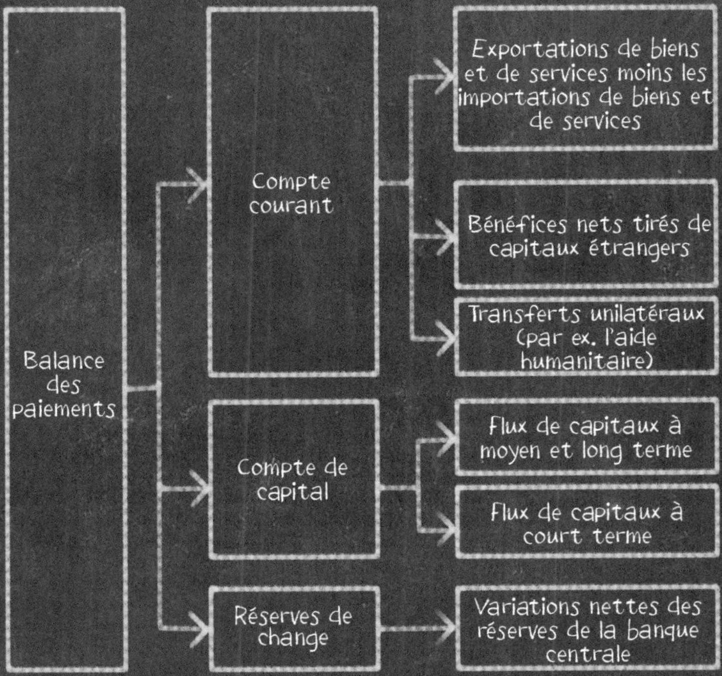
Balance des paiements
Compte courant
Exportations de biens et de services moins les importations de biens et de services
Bénéfices nets tirés de capitaux étrangers
Transferts unilatéraux (par ex. l'aide humanitaire)
Compte de capital
Flux de capitaux à moyen et long terme
Flux de capitaux à court terme
Réserves de change
Variations nettes des réserves de la banque centrale

Le libre-échange

Le libre-échange est rendu possible lorsque des pays ouvrent leurs marchés respectifs aux biens provenant de l'étranger, par la suppression des barrières tarifaires et des quotas relatifs aux importations ou par l'abrogation de lois et de réglementations qui entravaient le commerce. La plupart des économistes accueillent favorablement le libre-échange car il favorise l'expansion des marchés ainsi que la concurrence.

Un premier pas vers le libre-échange fut fait par la Grande-Bretagne, en 1846, avec l'abolition des « *Corn Laws* » (« lois sur les céréales ») qui protégeaient de la concurrence les agriculteurs britanniques. Depuis, le libre-échange a connu des hauts et des bas; il a régressé entre les guerres et s'est à nouveau développé dans la dernière partie du XXe siècle. Le libre-échange fonctionne parfois grâce à des accords bilatéraux entre les pays, parfois grâce à des traités multilatéraux comme ceux de l'Organisation mondiale du commerce. Certains économistes remettent en question l'opinion générale selon laquelle le libre-échange est toujours une bonne chose; d'une part, ils font remarquer que le libre-échange peut nuire à certaines catégories de salariés. Ils estiment en outre que des pays en phase initiale de développement peuvent avoir besoin d'une protection contre la concurrence étrangère afin de développer leurs propres industries.

Les lois sur les céréales (« *Corn Laws* ») protégeaient les agriculteurs britanniques de la concurrence étrangère, mais elles limitaient également l'offre et maintenaient les prix à un niveau élevé, ce qui forçait les gens à dépenser une part importante de leurs revenus pour l'achat de produits de base. Des rassemblements gigantesques furent organisés pendant la campagne pour l'abolition de ces lois.

Le protectionnisme et les guerres commerciales

Selon la théorie économique, il y a beaucoup de bénéfices à récolter de la pratique du commerce. Quand deux pays se spécialisent dans la production de biens spécifiques et tissent des liens commerciaux, ils en tirent tous deux profit. Le protectionnisme est une politique qui voit des pays se fermer au commerce international, souvent par le recours à des tarifs douaniers (taxes) ou des quotas sur les produits d'importation. Parce que ces politiques séparent les bénéfices du commerce, la plupart des spécialistes pensent qu'elles sont économiquement préjudiciables. On désire souvent le protectionnisme en temps de crise économique, avec l'espoir que la croissance et l'emploi pourront être préservés en isolant l'économie nationale du reste de la concurrence étrangère. Le problème, c'est que le partenaire commercial peut tenter de mettre en place, de son côté, une politique similaire, ce qui déclenche une guerre commerciale et mène, au final, à des échanges et des salaires réduits dans les deux pays. Ce fut le cas pendant la Grande Dépression des années 1930. Certains économistes déclarent qu'une protection temporaire, ciblée, peut aider des pays à développer des industries naissantes qui ont besoin d'être mises à l'abri de la concurrence étrangère jusqu'à ce qu'elles soient suffisamment efficientes pour entrer sur le marché international.

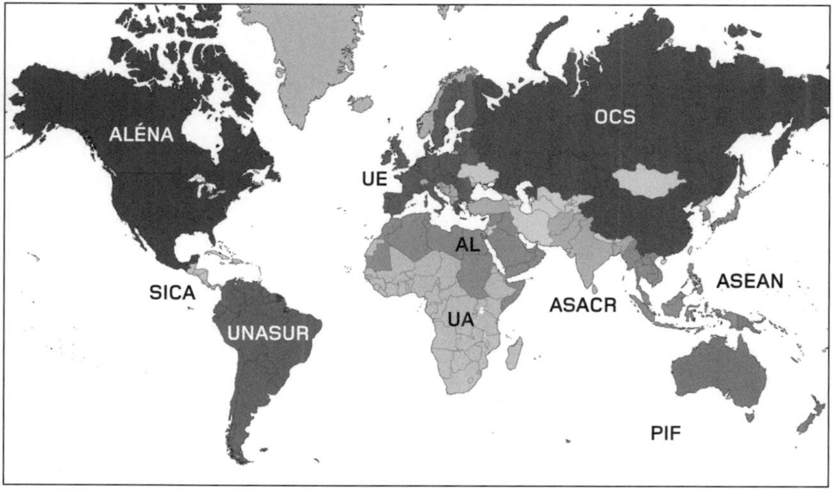

Principales communautés économiques globales

AL : Ligue arabe
ALÉNA : Accord de libre-échange nord-américain
ASACR : Association sud-asiatique pour la coopération régionale
ASEAN : Association des nations de l'Asie du Sud-Est
OCS : Organisation de coopération de Shanghai
PIF : Forum des îles du Pacifique
SICA : Système d'intégration centraméricain
UA : Union africaine
UE : Union européenne
UNASUR : Union des nations sud-américaines

La mondialisation et l'intégration des marchés

« Mondialisation » : ce terme peut prêter à confusion. Du point de vue des économistes, il désigne l'intégration de marchés que, jusqu'alors, la géographie séparait. La mondialisation s'accroît lorsque les pommes de terre britanniques et les pommes de terre françaises se livrent bataille pour arriver dans les assiettes quand, auparavant, on n'achetait et vendait ce tubercule que dans son pays d'origine. Un indicateur de la mondialisation économique est alors l'égalisation du prix des biens en différents lieux : par exemple les pommes de terre à Londres et à Paris.

La mondialisation se produit lorsque les coûts de transport baissent suffisamment pour que le commerce en tire profit. Le développement de la marine marchande et du transport ferroviaire, au XIXe siècle, favorisa grandement son émergence. Les États peuvent aider ce processus en diminuant les tarifs douaniers, ou le freiner en augmentant ceux-ci. Depuis la Seconde Guerre mondiale, la mondialisation du marché des biens et des services avance à grands pas. La mondialisation financière progresse aussi rapidement. La migration de la main-d'œuvre est un autre élément, très investi par la politique, du phénomène de mondialisation.

Le commerce et la géographie

Depuis peu, des économistes pensent que la spécialisation industrielle et les schémas du commerce international relèveraient plus ou moins du hasard. La théorie classique du commerce énonce qu'un pays devient le premier exportateur de tissu parce qu'il fait paître un grand nombre de moutons, un autre de vin parce qu'il bénéficie d'un climat idéal. En réalité, une part importante du commerce se fait entre des économies industrialisées dont les ressources naturelles et la population présentent de grandes ressemblances.

Cependant, une industrie telle que la production d'acier est beaucoup plus efficiente à grande échelle à cause des investissements lourds qu'il faut initialement faire en usines et en machines. Par conséquent, une fois qu'un pays commence à produire de l'acier, il se constitue un avantage concurrentiel. Les autres pays ont alors du mal à rattraper leur retard, ce qui fait que le premier pays contrôle les exportations d'acier. Un autre pays aurait très bien pu construire le premier une aciérie, auquel cas c'est à lui que serait revenue la maîtrise de ce secteur.

MOTEURS
ACME
MONDIAL
ACIER

Le commerce équitable

L'objectif des organisations de commerce équitable est de faire passer davantage de bénéfices réalisés par le commerce international vers les producteurs des pays émergents. Considérons par exemple un pot de café au supermarché : les défenseurs du commerce équitable font remarquer que les recettes du producteur de café éthiopien, issues de la vente des grains dans le pot, ne représentent qu'une fraction du prix du supermarché ; le reste consiste en marges bénéficiaires et brutes réalisées par les agents commerciaux.

Lorsque le producteur s'agrège à un projet de commerce équitable, il reçoit la garantie d'un prix minimal si, en échange, il accepte certaines normes de travail et de respect de l'environnement. Son café sera vendu avec une certification de commerce équitable. Les consommateurs occidentaux pour qui les valeurs du commerce équitable revêtent une importance particulière sont prêts à payer un peu plus cher leur café. Le souhait est que de telles mesures aplanissent les fluctuations de revenu auxquelles font face les producteurs des pays pauvres lorsque les prix de marché des cultures ne sont pas stables. Cependant, le mouvement en faveur du commerce équitable fait l'objet de critiques : certains pensent qu'il ne rend pas service aux plus démunis, qui sont principalement des travailleurs occasionnels et non des exploitants.

Les accords de Bretton Woods

Au cours de la Grande Dépression des années 1930, beaucoup de pays interrompirent leurs importations afin de protéger leur marché intérieur, ce qui eut pour résultat la désintégration de l'économie internationale. Une conférence qui se tint en 1944, à Bretton Woods (New Hampshire, États-Unis), posa les bases d'une nouvelle coopération internationale. Les taux de change des différents pays se retrouvèrent liés au dollar américain. Le Fonds monétaire international et la Banque mondiale ont été créés pour aider les États à financer leur développement économique. L'Accord général sur les tarifs douaniers et le commerce (GATT, General Agreement on Tariffs and Trade), qui deviendrait par la suite l'Organisation mondiale du commerce (OMC), supervisa les phases de négociation du commerce à l'échelle planétaire, négociations dont les effets sont toujours d'actualité.

Ce système présida pendant plusieurs décennies à une croissance stable, mais le vent tourna au début des années 1970, moment qui marqua les débuts d'une instabilité économique grandissante. À la suite de la récente crise financière, certains commentateurs ont évoqué Bretton Woods et défendu l'idée d'une réorganisation du système financier international.

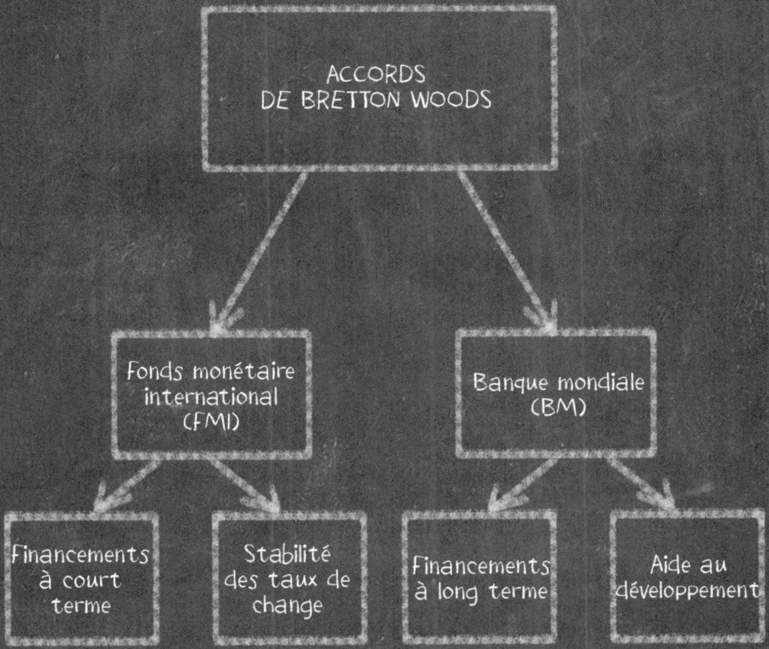
ACCORDS
DE BRETTON WOODS
Fonds monétaire
international
(FMI)
Banque mondiale
(BM)
Financements
à court
terme
Stabilité
des taux de
change
Financements
à long terme
Aide au
développement

Le déficit commercial des États-Unis et les déséquilibres mondiaux

En tant qu'économie la plus vaste du monde, les États-Unis d'Amérique subissent depuis de nombreuses années un déficit commercial : ils importent plus qu'ils n'exportent. De tels déficits doivent être financés par des capitaux étrangers. Cet important déficit américain et l'afflux d'argent étranger qu'il entraîne créent des déséquilibres dans le commerce international. Des déséquilibres de ce type font partie de la vie économique et ne posent pas nécessairement de problèmes, mais l'ampleur et la persistance des déséquilibres actuels préoccupent les commentateurs ; certains d'entre eux estiment qu'ils ont été des facteurs aggravants de la récente crise financière. Le déficit commercial américain s'est reflété dans les excédents chinois, qui ont généré un flux de capitaux en direction du reste du monde et contribué à un excès d'épargne mondiale. Ces épargnes ont inondé les marchés financiers occidentaux et causé une explosion des prêts, dont certains se sont intégrés à l'excessivement libéral prêt hypothécaire (voir page 128) qui, lui-même, à sapé les marchés financiers. Les dimensions du déficit commercial américain restent un sujet de controverse : certaines personnes s'inquiètent d'une baisse possible des flux de capitaux, qui, si elle survenait, finirait par être non viable et entraînerait un nouveau choc majeur pour l'économie.

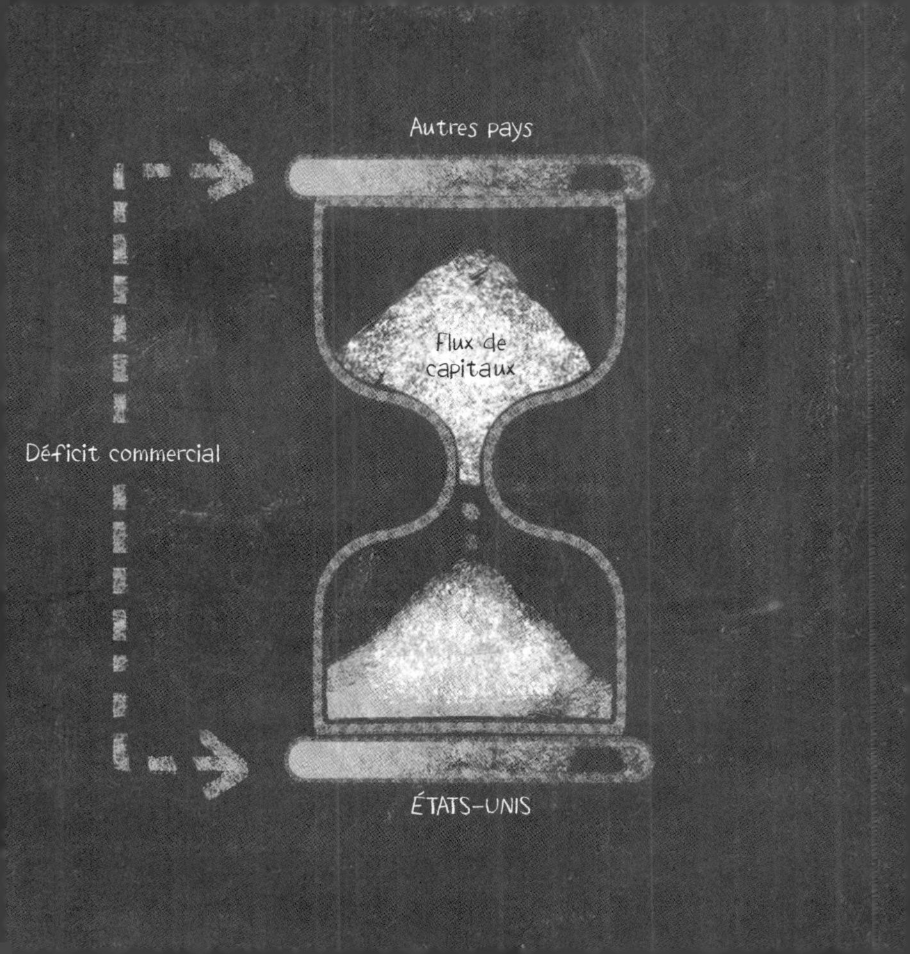

Autres pays
Flux de capitaux
Déficit commercial
ÉTATS-UNIS

Les flux de capitaux internationaux

Au cours des dernières décennies, le flux de capitaux entre pays s'est grandement accru, bien plus vite que la production économique mondiale. Les capitaux entrent dans un pays lorsque quelqu'un achète des actions ou des obligations, ou réalise des investissements directs dans des entreprises. La plupart des transferts de capitaux se font entre pays industrialisés même si quelques nations émergentes en attirent un peu. Sans capitaux étrangers, un pays ne peut investir que l'argent économisé par ses habitants; des apports de capitaux soulagent de cette contrainte et améliorent le potentiel de la croissance.

On appelle « libération des mouvements de capitaux » les mesures que prend un pays pour ouvrir son économie aux investissements étrangers. Les fruits de cette politique, surtout en ce qui concerne les pays en voie de développement, n'ont pas été aussi abondants que l'avait laissé croire le modèle théorique; certains vont même jusqu'à lui faire endosser la responsabilité des crises financières de plus en plus fréquentes que connaissent les pays émergents. Il se peut que différentes sortes de flux de capitaux aient différents impacts: par exemple, certaines études suggèrent que les investissements directs dans les affaires d'un pays ont plus d'effet sur la croissance que n'en ont les prêts.

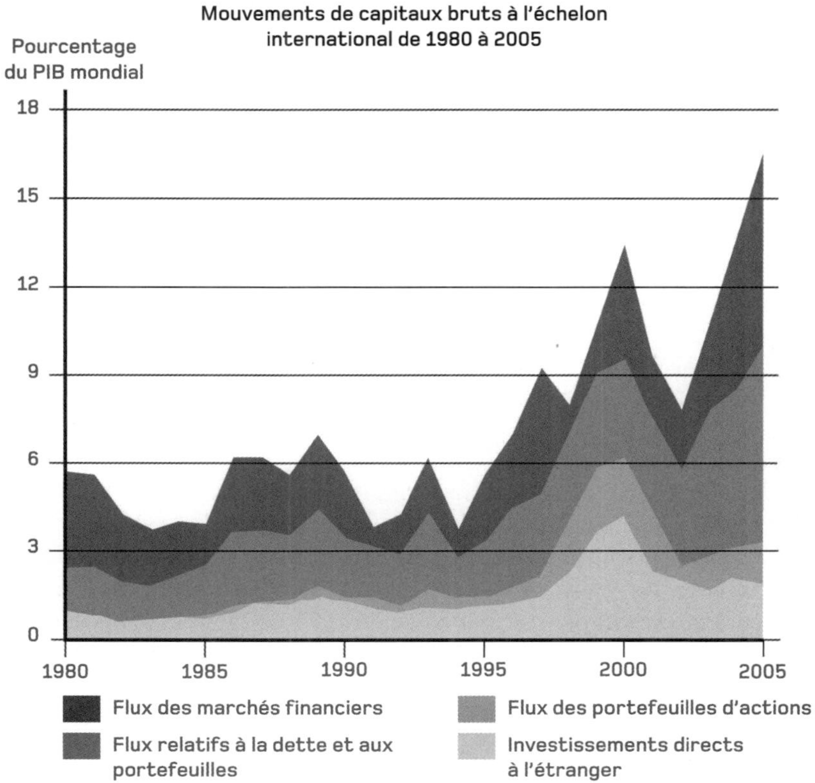

Mouvements de capitaux bruts à l'échelon international de 1980 à 2005
Pourcentage du PIB mondial
18
15
12
9
6
3
0
1980
1985
1990
1995
2000
2005
Flux des marchés financiers
Flux des portefeuilles d'actions
Flux relatifs à la dette et aux portefeuilles
Investissements directs à l'étranger

Les multinationales

Les multinationales se distinguent par le fait qu'elles dirigent des entreprises et des bureaux dans des pays différents. Leur développement joue un rôle important dans la mondialisation des marchés (voir page 310). Pour quelles raisons les entreprises ont-elles besoin de mener leurs propres opérations dans les pays où elles souhaitent réaliser des ventes ? Supposons que l'entreprise PharmaGaule désire lancer un nouveau médicament en Chine : elle peut très bien produire le médicament sur le territoire français puis l'exporter. Cependant, il pourrait y avoir des avantages à ce que la production ait lieu en Chine, tels les matériaux et la main-d'œuvre bon marché. Mais alors, pourquoi ne pas accorder le droit à une entreprise chinoise de fabriquer ce médicament ? L'une des raisons est que PharmaGaule pourrait détenir un atout spécifique à l'entreprise, par exemple une méthode de production ou une formule protégée. La valeur de cet atout diminuerait s'il venait à être connu ; une autre entreprise pourrait s'en servir pour fabriquer un produit concurrent. Une option plus intéressante serait que PharmaGaule s'occupe personnellement de mettre en place ses opérations en Chine. Les décisions prises par les multinationales en ce qui concerne leur implantation à l'étranger sont souvent influencées par des facteurs tels que la taille du marché, les coûts locaux de production, les impôts locaux et l'environnement juridique.

La migration de la main-d'œuvre

La migration de la main-d'œuvre est un aspect important du développement des marchés. Lorsque des pays sont sur la voie de l'industrialisation, les travailleurs se déplacent des zones rurales vers les zones urbaines car les salaires plus élevés proposés par les entreprises industrielles les y incitent. Un phénomène similaire se produit à l'échelle internationale : des quantités énormes de migrants voguèrent jusqu'au Nouveau Monde, au XIXe siècle, et, depuis, les migrations de cette ampleur n'ont pas cessé. Tout comme pour les flux migratoires cantonnés à l'intérieur d'un seul pays, les économistes soulignent le rôle des différences de salaires entre différents pays dans le développement des migrations extraterritoriales : les migrants laissent derrière eux les pays à bas salaires pour se rendre dans des pays aux salaires plus conséquents. Au final, on constate une stabilisation de ce flux si les salaires commencent à s'aligner les uns sur les autres, d'un pays à un autre. En pratique, la migration est un phénomène bien plus complexe que ce que laissent entendre les modèles économiques. Toutes sortes de facteurs culturels et sociaux entrent en ligne de compte et cette question a fini par devenir très sensible d'un point de vue politique. Néanmoins, même des notions de base en sciences économiques peuvent s'avérer utiles dans le cas présent, ne serait-ce que pour nous rappeler la chose suivante : la migration de la main-d'œuvre fait partie intégrante de la logique de mondialisation, au même titre que l'expansion des marchés internationaux et la finance.

Le taux de change réel et le taux de change nominal

Les taux de change (c'est-à-dire ce que cela coûte de convertir des euros en dollars américains, par exemple) sont déterminés par la demande et l'offre de différentes monnaies. Ils servent d'intermédiaires dans les interactions entre les acheteurs et les vendeurs de biens et de services basés dans différents pays. Le taux de change nominal apparaît sur les listes de taux d'une banque : 1 dollar US = 0,73 €, par exemple.

Cependant, ce taux de change nominal ne vous indique pas ce que vous pouvez concrètement acheter avec votre argent, à l'étranger. C'est précisément ce que mesure le taux de change réel lorsqu'il tient compte des niveaux de prix des différents pays. Il peut vous dire combien valent des pommes françaises en termes de pommes américaines. Le taux de change réel de la France augmente lorsque son taux nominal augmente, mais également si les prix de ses biens augmentent ou si les prix des biens américains sont à la baisse. Une chute du taux de change réel de la France signifie que ses biens sont devenus moins chers par rapport à d'autres pays, ce qui encourage les consommateurs, chez eux ou hors de France, à acheter davantage de biens français.

CAD
CHF
JPY
USD
GBP/CHF
JPY

Le régime de change fixe et le régime de changes flottants

Les systèmes de taux de change se déploient sur tout un spectre allant de « fixe » à « flottant ». Dans un régime de changes flottants, le prix d'une monnaie par rapport à une autre est déterminé par l'offre et la demande de la monnaie en question ; le prix de cette monnaie a tendance à augmenter lorsque sa demande augmente ou lorsque l'offre baisse.

Par contre, un régime de change est dit fixe lorsqu'un taux fixe est maintenu : par exemple, l'État argentin pourrait fixer son taux de change à 2 pesos pour 1 dollar américain. Il existe aussi des configurations intermédiaires comme l'établissement de fluctuations des taux de change à l'intérieur desquelles une monnaie a la possibilité de varier. Un régime de change fixe représente une contrainte pour la politique monétaire d'un pays (c'est-à-dire le contrôle qu'il exerce sur la masse monétaire et les taux d'intérêt) car celle-ci doit être cohérente vis-à-vis du taux spécifié. Comparé à un régime de changes flottants, la marge de manœuvre est moins grande pour modifier la politique monétaire devant tel ou tel contexte économique national. Certains, cependant, pensent que des régimes de change fixe peuvent accroître la stabilité économique.

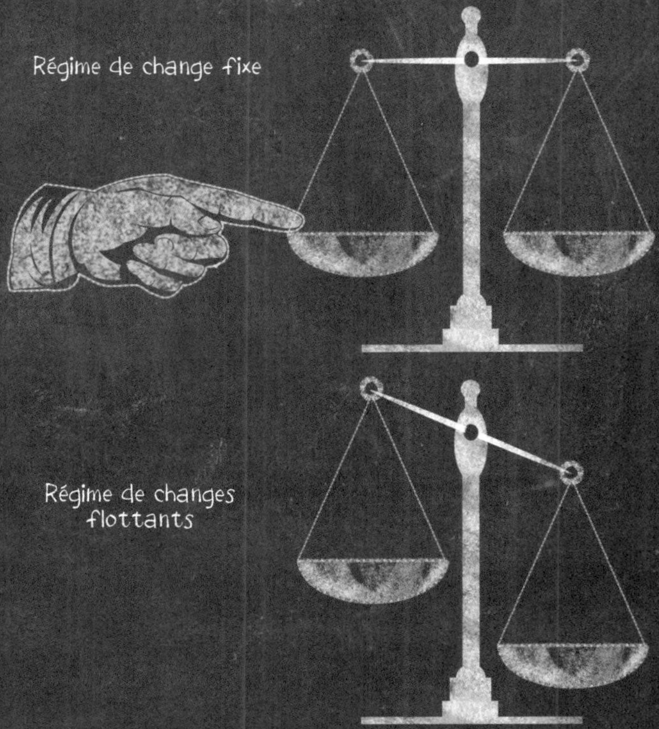
Régime de change fixe
Régime de changes flottants

L'étalon-or

Dans le système étalon-or, l'or est utilisé comme monnaie ou, plus couramment, la monnaie fiduciaire (de papier) peut être convertie en or. On se servait de cet étalon au tout début du XXe siècle et certains en ont la nostalgie car ils estiment qu'il avait alors accru la stabilité du système monétaire international. Avec l'étalon-or, les devises reçoivent une valeur fixe en termes de quantité d'or. Cela signifie que leur valeur en termes d'autres devises, c'est-à-dire leur taux de change, est également fixe. Quand cela fonctionne, les incertitudes inhérentes au change se voient réduites. Cela peut également forcer les États à maintenir la stabilité des prix dans la mesure où les autorités ne peuvent pas facilement accroître une masse monétaire qui doit être garantie par l'or. Cependant, le système étalon-or peut aussi prendre à l'occasion des allures de camisole économique : pendant la Grande Dépression, il a limité l'effort des États pour stimuler leur économie respective par le biais de l'accroissement de la masse monétaire, ce qui a eu pour effet de prolonger la récession. Bien que beaucoup d'économistes accordent une grande importance à la stabilité de la monnaie et à la discipline en matière de prix, peu d'entre eux, aujourd'hui, sont disposés à défendre un retour à l'étalon-or traditionnel.

250g
Fine Gold
999.9

Les crises monétaires

Depuis les années 1970, les crises monétaires sont de plus en plus courantes. Ces crises surviennent lorsqu'une monnaie commence à être vendue en grandes quantités, ce qui diminue sa valeur. Si la monnaie est « fixée » (c'est-à-dire maintenue à un taux particulier), alors ce taux doit être délaissé : c'est ce qu'on appelle une « dévaluation ». Un certain type de crise se produit quand il y a conflit entre le taux de change et d'autres domaines de la politique économique. Supposons qu'un État dépense plus que ce qu'il récupère en termes d'impôts : s'il finance la différence en augmentant la masse monétaire, cela diminue d'autant la valeur de sa devise. Pour conserver le taux de change, l'État doit alors puiser dans des réserves de change afin d'acheter sa propre monnaie. Au final, cependant, l'État épuise sa réserve et doit dévaluer sa devise. D'autres modèles théoriques des crises monétaires avancent que celles-ci pourraient avoir un effet Pygmalion : il suffit qu'un certain nombre de gens soient préoccupés par la force de la monnaie pour pouvoir, à eux seuls, déclencher des liquidations et une crise. D'un autre côté, les crises monétaires des dernières décennies, au sein des pays en voie de développement, furent précipitées par un soudain assèchement des apports de capitaux.

Les monnaies uniques

Une monnaie unique mondiale serait probablement une contrainte trop dure pour beaucoup d'économies, tandis que des monnaies distinctes pour chaque ville compliqueraient de manière inextricable la vie économique. Pour des raisons historiques, la plupart des monnaies ont évolué à l'intérieur de frontières territoriales, mais beaucoup de pays européens ont récemment opté pour une monnaie unique commune : l'euro. Si une monnaie n'est pas tenue de coïncider avec des frontières nationales, quelle est alors sa couverture optimale ? Lorsque des partenaires commerciaux possèdent une devise commune, ils réduisent les coûts de conversion et stimulent le commerce. Cependant, un pays qui dispose de sa propre devise définit sa propre politique monétaire (c'est-à-dire le niveau qu'atteindront sa masse monétaire et ses taux d'intérêt) ; il renonce à ce pouvoir lorsqu'il adopte une monnaie unique. Dans le cas de l'euro, la politique monétaire est décidée par la Banque centrale européenne (BCE). Ce système fonctionne bien lorsque les cycles économiques des pays membres sont synchrones, mais la situation devient problématique si ces pays nécessitent des politiques monétaires différentes, comme ce fut le cas à la suite de la crise économique apparue en 2008. On se demande désormais si l'Europe constitue réellement une zone monétaire optimale.

1
EURO

La dépréciation du taux de change

Si un euro, la semaine dernière, valait 1,35 dollars mais ne vaut plus que 1,25 dollars aujourd'hui, sa valeur a chuté : l'euro s'est déprécié tandis que le dollar américain a pris de la valeur. Qu'est-ce qui détermine le niveau d'un taux de change lorsque celui-ci peut fluctuer librement ? Pour faire simple, le prix d'une devise est un peu comme le prix des stylos : c'est l'offre et la demande qui le définissent. Un pays en proie à une inflation élevée aura une tendance à la dépréciation du taux de change parce que le pouvoir d'achat de sa monnaie est en chute. Des taux d'intérêt élevés attireront les capitaux étrangers et feront grimper le taux de change. Celui-ci subit également l'influence des importations et des exportations : le déficit commercial qui se produit lorsque les importations d'un pays dépassent ses exportations est aussi une cause de dépréciation de sa monnaie. Ce phénomène, néanmoins, peut avoir son utilité car il rend les marchandises nationales plus compétitives hors de leurs frontières ; par ailleurs, il favorise les exportations. Sur les marchés des capitaux actuels, les risques pressentis par les investisseurs lorsqu'il s'agit de placer de l'argent à l'étranger ont également un impact sur le taux de change : en effet, l'instabilité politique peut dissuader les investisseurs et entraîner une baisse de la valeur marchande des devises.

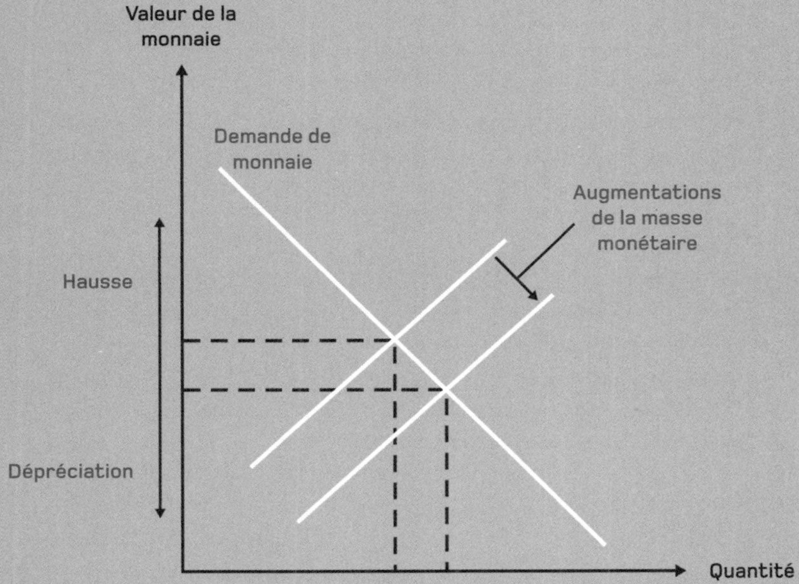

Pour un niveau donné de demande, une augmentation de la masse monétaire entraînera une dépréciation de la valeur marchande.

L'éthique et l'économie

Des fondateurs de l'économie tels qu'Adam Smith et John Stuart Mill (ci-contre) étaient des philosophes: leurs travaux étaient un mélange de questionnement éthique et d'analyse économique. Depuis leur époque cependant, l'économie et la philosophie morale sont beaucoup moins liées l'une à l'autre. L'économie moderne, avec ses modèles mathématiques et ses méthodes statistiques sophistiquées, est souvent considérée comme une discipline scientifique, objective, qui traite de réalités impitoyables. Par contre, l'éthique est perçue comme une discipline subjective, inconciliable avec l'analyse scientifique, et pour tout dire située dans un autre univers. L'enjeu principal des sciences économiques, cela dit, est peut-être de trouver le moyen de distribuer des ressources peu abondantes à des individus dont les désirs sont en conflit les uns avec les autres. La question de savoir s'il faut construire plus d'hôpitaux, d'universités ou de centres commerciaux possède une charge éthique forte et beaucoup de penseurs continuent de s'intéresser à la façon dont l'économie et l'éthique interagissent. Des études récentes du comportement économique individuel montrent que celui-ci est la résultante de notions morales, comme l'équité, autant que de calculs.

La religion et l'économie

Les économistes s'intéressent de plus en plus à la façon dont les normes sociales et les croyances (entre autres la religion) influencent le destin économique des pays. Les organisations religieuses peuvent être considérées comme une sorte de « capital social » (voir page 366), c'est-à-dire des réseaux et des rapports entre individus qui peuvent s'avérer avantageux d'un point de vue économique. D'un autre côté, des restrictions religieuses, comme celles relatives à la participation des femmes au marché de l'emploi, peuvent ralentir la croissance. Le sociologue et économiste allemand Max Weber fut l'un des premiers chercheurs à étudier les effets de la croyance religieuse sur l'économie. Dans un livre devenu célèbre, il a soutenu que le protestantisme avait propulsé le développement économique de l'Europe en faisant du travail une vertu. L'épargne et la réalisation de profits, dans l'argumentaire de Weber, sont devenues un article de foi et ont encouragé l'ascension du capitalisme. Plus récemment, des économistes ont tenté d'expliquer l'ascension de certains pays asiatiques par l'adhésion à des « valeurs extrême-orientales » ou le confucianisme. À un niveau théorique, beaucoup de ces idées restent des spéculations, et démêler empiriquement l'écheveau des impacts de la religion sur des sociétés différentes est un exercice ardu.

L'économie et la culture

Qu'est-ce qui vient en premier: l'économie ou la culture ? Si vous vendez à un ami votre vieille chaîne stéréo, vous pouvez lui faire un prix cassé parce qu'on s'attend à ce que des amis se fassent ce genre de faveurs. Vous échangez probablement aussi des cadeaux avec vos amis. Des comportements de ce type affectent la distribution des ressources économiques même s'ils semblent motivés par des facteurs culturels. Les économistes considèrent les individus comme des maximisateurs rationnels de profit, mais si c'est bien le cas, comment se fait-il qu'ils n'essaient pas d'obtenir de leurs amis le meilleur prix possible et de dépenser moins d'argent à offrir des cadeaux ? L'économiste et anthropologue autrichien Karl Polanyi pensait que ce qui détermine l'organisation économique, c'est l'environnement culturel et les normes sociales plutôt que la rationalité économique, notamment au sein des sociétés traditionnelles. Même dans les économies modernes, la culture exerce une influence sur la vie économique. Un économiste classique pourrait affirmer que derrière les apparences de la motivation culturelle se tapit un calcul sans pitié: je te dépanne uniquement pour que tu me renvoies l'ascenseur et la seule chose qui compte, c'est le profit, la rentabilité. Polanyi, pour sa part, affirmait que les coutumes sont entièrement distinctes de la recherche du profit.

Si les gens sont rationnels
d'un point de vue économique,
pourquoi offrent-ils des cadeaux ?

Les institutions et le droit de propriété

L'achat et la vente de biens requièrent des droits de propriété ; si les gens pensent que ces droits ne seront pas respectés, cela risque d'entraver l'activité économique. L'analyse des prérequis fondamentaux de l'activité économique, entre autres ces droits, est essentielle pour comprendre la création de richesse. Le droit de propriété est ce que les économistes appellent une « institution », c'est-à-dire une « règle du jeu » qui gouverne les activités économiques des personnes, des entreprises et des États. Ces règles peuvent consister en lois et réglementations formelles mais peuvent être aussi des normes sociales ou des habitudes.

Les économistes des institutions ont tendance à rappeler qu'on ne peut pas faire l'impasse sur les droits de propriété lorsqu'il s'agit d'inciter au commerce, à l'investissement et à l'innovation. L'instabilité politique et les États rapaces font du tort au droit de propriété. En même temps, l'essor de l'État s'est produit parallèlement à celui des marchés, par conséquent identifier clairement le mélange d'institutions porteur de prospérité est une tâche difficile et pas encore achevée. De plus, ce qui est utile dans un pays ou une zone peut être un obstacle ailleurs.

L'économie marxiste

Aux yeux de Karl Marx, le capitalisme était un système économique dynamique et innovant, un progrès par rapport à l'économie féodale précédente. Cependant, il pensait qu'il recelait des failles qui finiraient par mener à son effondrement. Sous un régime capitaliste, ceux qui détiennent le capital embauchent des travailleurs, et Marx disait que la valeur d'un bien réside dans le travail accompli afin de le produire. Pour que les capitalistes perçoivent des bénéfices, ils doivent extraire un surplus de cette valeur; il ressort de cela que les travailleurs sont exploités par le biais de bas salaires et de la menace du chômage. Les profits sont aussi engendrés par la technologie et la division du travail: l'ouvrier ne produit plus un tapis dans sa maison mais passe ses journées à charger des bobines sur les métiers à tisser de l'usine. C'est « l'aliénation du travail »: l'activité capitaliste sape la créativité et porte atteinte aux rapports humains. Marx fit la prédiction que le conflit entre les travailleurs et les capitalistes aboutirait au renversement du capitalisme et à l'établissement du communisme. Malgré l'effondrement des États communistes, des aspects du marxisme, toujours lié aux sphères économique, sociale et politique, exercent encore aujourd'hui une certaine influence.

La valeur travail

Jusqu'au XIXe siècle, on pensait que la valeur des biens venait du travail accompli pour les produire : par exemple, une chaise qui nécessitait cinquante heures de travail à sa fabrication devait valoir dix fois plus qu'un tabouret qui n'en avait demandé que cinq. Même la valeur des biens fabriqués en usine venait du travail. Une chaise assemblée en usine passe par des machines contrôlées par des gens. Les machines sont construites par d'autres ouvriers et le fer employé pour assembler les machines est produit par d'autres encore. La valeur travail s'est retrouvée associée de près à Karl Marx : celui-ci demandait comment il était possible de dégager des bénéfices si la valeur des biens provenait du travail. Marx soutenait que les capitalistes étaient capables d'exploiter les travailleurs et de les pressurer afin d'en tirer un surplus (voir page 346).

Depuis le XIXe siècle, les économistes se sont détachés de la valeur travail. Ils ont compris qu'une robe dont la confection a demandé dix heures ne valait pas nécessairement cinq fois plus qu'un diamant dont la taille n'en a demandé que deux. Cette valeur est déterminée par les désirs des gens et, au niveau du marché, par l'offre et la demande.

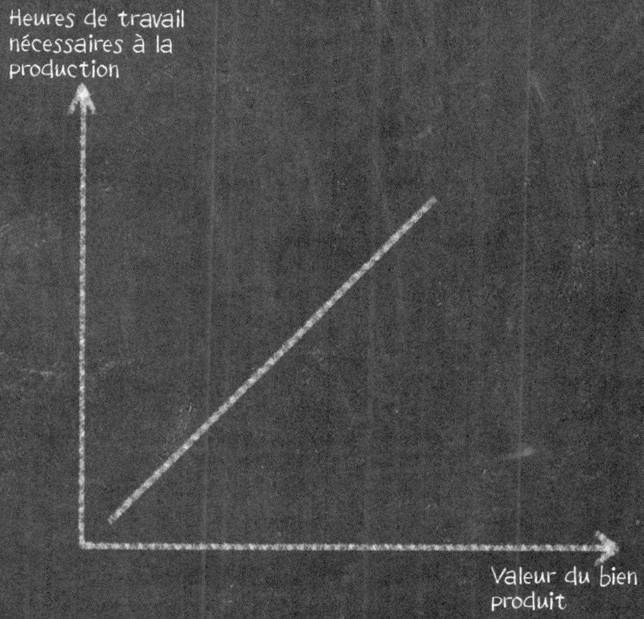
Heures de travail nécessaires à la production
Valeur du bien produit

La planification centrale

Avec l'arrivée du communisme, les économistes ont commencé à comparer les réalisations du socialisme à celles qui se fondaient sur les mécanismes du marché. Un principe bien établi des sciences économiques veut que les prix du marché entraînent une distribution efficiente des ressources: par exemple, si un grand nombre de gens veulent acheter des vélos, le prix des vélos augmentera, ce qui incitera à en produire davantage. Dans les systèmes socialistes, les planificateurs centraux décident ce qui devrait être produit. Certains ont affirmé qu'eux aussi devraient être en mesure de répartir de façon efficiente les biens de production et qu'alors ils reproduiraient ce que font les marchés, mais tout en réduisant les inégalités. L'économiste autrichien Ludwig von Mises rejetait cette possibilité: selon lui, ce n'est que par l'interaction de l'offre et de la demande sur les marchés que les prix pratiqués reflètent la valeur véritable que la société attribue à des biens différents. Von Mises affirmait que gérer l'énorme complexité des économies, avec leurs milliers de biens et de services différents, serait une tâche trop lourde pour n'importe quel planificateur central et qu'il n'en résulterait qu'une inefficacité générale et des erreurs d'appréciation entre ce que veulent les gens et ce qui est produit. Il est certain qu'au final, les pays communistes ont dû faire face à ce problème, parmi d'autres.

L'économie sociale de marché

Lorsque Tony Blair est arrivé au pouvoir en Grande-Bretagne, en 1997, il était beaucoup question d'une « troisième voie », une sorte de juste milieu entre les conceptions socialiste et libérale de la gestion économique. En fait, la tentative de créer une synthèse de la gauche et de la droite politiques remonte à l'immédiat après-guerre, au moment où les économistes proposèrent le modèle connu sous le nom d'« économie sociale de marché ».

Établie par la suite dans beaucoup de pays européens, l'économie sociale de marché combinait l'entreprise privée avec la prestation, par l'État, de biens et de services comme les soins de santé et l'éducation. Les États mirent également en place des « garde-fous »: allocations chômage, caisses de retraite et autres indemnités destinées à atténuer l'impact social des marchés, mais aussi des politiques fiscales qui répartiraient la richesse entre les plus aisés et les plus démunis. Le but était d'exploiter les aspects productifs, dynamiques du capitalisme, tout en les mitigeant par des principes socialistes d'égalité et de justice. Aujourd'hui, la plupart des économies européennes combinent les mécanismes du marché avec l'intervention de l'État.

Les syndicats

Sur le papier, le modèle d'un marché du travail signifie des millions d'employés qui signent leurs propres contrats avec des millions d'employeurs. Cependant, le développement du capitalisme industriel a souvent vu les employeurs se transformer en grandes corporations. Un des rôles importants des syndicats est de donner aux salariés plus de poids dans les négociations avec ces puissants employeurs. Par le recours à la négociation collective et l'engagement à ne pas se faire concurrence les uns les autres, les salariés sont à même d'être mieux rémunérés. Il se peut aussi que les employeurs préfèrent traiter avec les syndicats dans la mesure où cela simplifie l'accord sur les salaires et les conditions de travail. Le rôle des syndicats est cependant plus complexe puisqu'ils servent d'intermédiaires dans d'autres interactions entre les salariés et les employeurs.

Les syndicats ont fait l'objet de critiques de la part de certains économistes : selon eux, les syndicats font en sorte que leurs membres obtiennent des salaires plus élevés, repoussent les salariés non syndiqués et génèrent du chômage. Au cours des dernières décennies, beaucoup d'États ont tenté de réduire le pouvoir des syndicats perçus comme une entrave à la modernisation des économies.

UBLIC AND COMMERCIAL
SERVICES UNION
ORTH WEST
REGION
EQUALITY
pcs
UNITY
SOLIDARITY
ORKERS OF THE
pcs
pcs
Ministry of Defence
There is an alternative...
...invest in housing and transport
pcs
Defending Jobs and Services
...don't cut jobs or public services
UNISON

Les pénuries et le rationnement

Dans des marchés qui fonctionnent de façon normale, l'offre est égale à la demande. Il n'y a pas de pénurie : quiconque est prêt à payer le prix du marché peut obtenir tel ou tel bien. Par contre, l'économiste hongrois János Kornai a montré pour quelle raison les pénuries font leur apparition au sein des économies planifiées.

Dans les marchés habituels, les entreprises sont sujettes aux contraintes budgétaires strictes : elles doivent créer suffisamment de bénéfices pour couvrir leurs coûts. C'est la garantie qu'elles produiront aussi efficacement que possible et qu'elles tireront parti des moindres entrées. Kornai pensait que dans les économies planifiées, les entreprises font face à des contraintes budgétaires douces. En effet, si elles enregistrent des pertes, l'État les renfloue. En conséquence, elles n'ont rien qui les incite à réaliser des économies à partir des entrées ou à produire quoi que ce soit en grandes quantités. Au fur et à mesure qu'elles absorbent les entrées sans pour autant augmenter leur production, les pénuries font leur apparition jusqu'à ce que les consommateurs, au bout du compte, soient obligés de faire la queue pour obtenir des biens de consommation ordinaires. Même dans les économies capitalistes, les contraintes budgétaires ne sont pas toutes strictes : certaines entreprises, jugées « trop grosses pour faire faillite », sont malgré tout renflouées par le contribuable, comme ce fut le cas de certaines banques à la suite de la crise financière de 2007-2008.

Le libéralisme économique

Au XXe siècle, Friedrich Hayek (ci-contre) et John Maynard Keynes furent deux économistes de premier ordre. Ils se tenaient chacun de part et d'autre d'un fossé intellectuel : Hayek croyait en la suprématie du marché, tandis que Keynes pensait que les États devaient intervenir lorsque les marchés étaient défaillants.

Hayek était un libéral radical pour qui les marchés représentaient ni plus ni moins que la liberté. L'ingérence de l'État était une attaque de cette liberté, ce qui ne pouvait que mener à un contrôle étatique grandissant et au totalitarisme. Hayek défendait également les marchés parce que, selon lui, ils permettaient de coordonner les actions des individus de manière plus efficace que n'importe quelle sorte de planification. Les gens prennent des décisions dans un contexte d'incertitude et en se fondant sur un savoir fragmentaire ; leur comportement exerce une influence sur les prix et ceux-ci, par conséquent, deviennent un condensé de toutes ces informations disparates qui portent sur des situations locales. Ainsi, « l'ordre spontané » apparaît. Hayek prétendait qu'une instance centrale de planification ne pourrait jamais recueillir et interpréter toutes ces données.

La consommation ostentatoire

Supposons qu'Amandine achète un nouveau manteau. La théorie économique part du principe qu'Amandine désire un ensemble fixe de biens et de services: lorsqu'elle trouve satisfaction, ceux-ci contribuent à son bien-être. Si elle a acheté ce manteau en particulier, c'est parce que l'hiver approchait et qu'elle aimait bien sa coupe. Le désir qu'éprouve Amandine est indépendant; il est sans rapport avec le jugement des autres.

Mais si Amandine avait choisi un manteau Armani pour montrer aux autres sa richesse, elle aurait posé ce que l'économiste américain Thorstein Veblen appelait « un acte de consommation ostentatoire ». Dans ce cas, son désir de manteau est lié à la perception qu'en auront les autres: il leur donne une information sur le statut social « élevé » d'Amandine. Un bien indicateur de statut doit être quelque chose qu'Amandine peut posséder, mais pas les autres; dans la mesure où les pays s'enrichissent, de plus en plus de gens peuvent acheter la marque Armani, par conséquent il se peut qu'Amandine soit obligée de se mettre à acheter des yachts afin de toujours signifier son statut. Veblen pensait qu'à cause de cela, la consommation ostentatoire était un gaspillage.

L'économie familiale

L'analyse économique commence traditionnellement par l'individu et l'entreprise, mais les individus font également partie de familles. L'économie familiale fait usage des principes économiques dans le but d'analyser les décisions que prennent les individus par rapport au mariage, à la filiation et à la répartition des ressources au sein des familles. Le mariage rend possible la mise en commun des ressources, la division du travail en différentes tâches ménagères ainsi que le partage des risques liés au marché. Les membres d'une famille peuvent exprimer leurs préférences quant à la manière dont ces ressources devraient être utilisées. Des études ont mis en lumière des contextes où les mères accordent plus de poids que les pères aux dépenses consacrées à leur progéniture. Cela favorise, dans les pays en voie de développement, l'initiation de politiques destinées à donner aux mères un contrôle plus important des ressources; on espère ainsi que ces choix amélioreront la nutrition et l'éducation des enfants. L'économie familiale se penche également sur les comportements de fécondité; elle opère une distinction entre la « quantité » et la « qualité »: si l'éducation est promise à un bel avenir, il se peut que des parents aient moins d'enfants mais dépensent davantage pour leur éducation, privilégiant ainsi la qualité par rapport à la quantité. Malgré cela, des changements de première importance dans l'économie sont susceptibles de modifier la donne.

Dans les pays en voie de développement, des projets de microcrédit consistent souvent à accorder de petits prêts qui vont permettre aux femmes de créer de petites entreprises. L'idée sous-jacente est que les mères sont davantage susceptibles d'investir de manière avisée.

Le genre

Les sciences économiques parlent peu du genre puisqu'il est surtout question des interactions entre des entreprises et des individus rationnels dont on ne tient pas compte du sexe. Malgré tout, des économistes ont récemment commencé à examiner de plus près la question du genre. Ils prétendent que la pétition de principe généralement acceptée, celle de « l'homme économique rationnel », n'est pas pertinente face aux discriminations et aux déséquilibres de pouvoir auxquels les femmes doivent faire face. De plus, les moyens existants utilisés pour mesurer l'économie ne prennent pas suffisamment en compte la part qui revient aux femmes. Celles-ci accomplissent beaucoup de tâches au foyer : s'occuper des enfants et de la famille, faire la cuisine, le ménage, etc. Parce que toutes ces activités ne sont en général pas rémunérées par le biais de transactions économiques officielles, elles ne sont pas comptabilisées dans le revenu national. Les politiques macroéconomiques peuvent également affecter les personnes de manière différente selon qu'on est un homme ou une femme : les femmes sont le plus durement touchées par les réductions budgétaires, surtout si les coupes au niveau des soins de santé ou de l'éducation accroissent leurs responsabilités à la maison. Le PIB n'est qu'un progrès économique relatif, selon certains critiques : en effet, le bien-être dépend d'un grand nombre de facteurs, parmi lesquels le rôle de la femme dans la société.

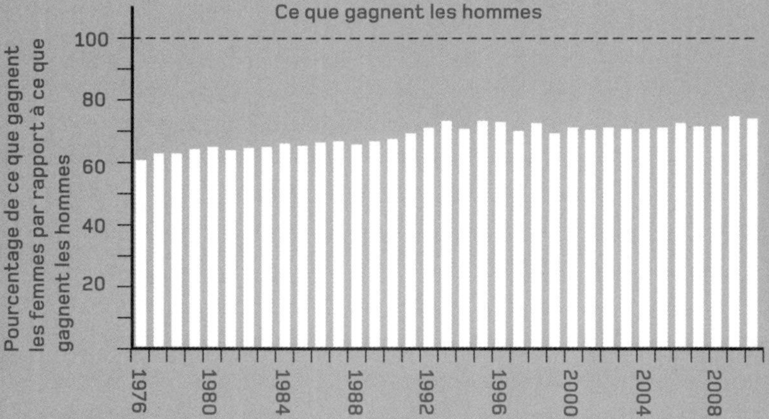

Au fil du temps, les salaires des femmes se sont retrouvés à la traîne des salaires des hommes, comme le montre ce graphique des rations des gains hommes-femmes au Canada, pour la période allant de 1976 à 2011.

Le capital social

Habituellement, lorsque les économistes parlent du capital, ils ont à l'esprit des objets physiques – tapis roulants, pylônes électriques, machines-outils, etc. –, dont on se sert pour produire des biens. Depuis peu, cependant, les économistes commencent à parler du « capital social »; il s'agit *grosso modo* des rapports entre les individus qui créent des réseaux sociaux et la notion de confiance. Tout comme les machines, le capital social permet des entrées dans le circuit de la production; de grandes quantités de capital social permettent une plus grande activité économique.

Le partage et l'échange d'informations relatives au marché, constitutifs de la vie économique, dépendent du capital social: sans la confiance, même une activité économique rudimentaire serait difficile à mener. L'appartenance à des réseaux sociaux permet à des gens de découvrir les possibilités du marché et les opportunités d'embauche, et de se mettre en relation avec d'autres personnes. Les économistes ont essayé de mesurer le capital social et de trouver ce qui le rattache aux fortunes diverses d'une économie nationale, mais cette idée peut également faire l'objet de critiques: certains soutiennent que le capital social est une notion très floue incapable de fournir une explication valable à la performance économique.

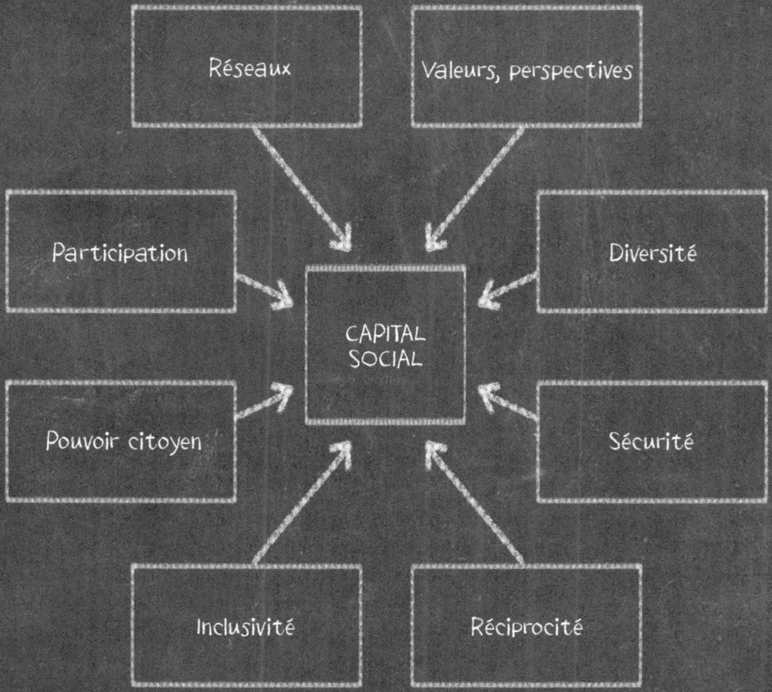
Réseaux
Valeurs, perspectives
Participation
Diversité
CAPITAL SOCIAL
Pouvoir citoyen
Sécurité
Inclusivité
Réciprocité

La réforme économique

L'activité économique peut se déployer dans toutes sortes d'environnements, du libre marché au communisme en passant par le marché public de l'État. La réforme économique comprend une foule d'actions entreprises par les États pour changer et, avec un peu de chance, améliorer leur système économique. Un exemple célèbre est la « thérapie de choc » qui suivit la chute du communisme en Europe de l'Est et soumit rapidement aux lois du marché les pays de cette zone. Les pays africains ont eux aussi connu des réformes semblables. Ces changements donnèrent des résultats mitigés; des réformes subséquentes ont eu des objectifs plus larges afin d'inclure les transformations juridiques et politiques dont les marchés ont besoin pour fonctionner. Même des réformes avantageuses peuvent être mises en échec, car elles constituent souvent une menace pour des détenteurs du pouvoir politique, comme les industriels susceptibles de se retrouver en difficulté face à la concurrence internationale. Étant donné qu'il n'est pas forcément possible de connaître la répartition des coûts et les bénéfices engendrés par une réforme utile, les gens peuvent s'y opposer afin de minimiser les risques de se retrouver du côté des perdants. Des difficultés de ce type font de toute réforme économique l'une des actions gouvernementales les plus complexes et les plus chargées d'incertitudes qui soient.

La croissance et ses sources

Un des fondateurs des sciences économiques, Adam Smith, donna pour titre à son œuvre maîtresse *La Richesse des nations*, et les différences qui rendent certains pays riches et d'autres pauvres demeurent une des préoccupations principales de cette discipline. Aujourd'hui, les économistes se confrontent au problème en essayant de déterminer quelles sont les causes de la croissance.

La croissance est tout simplement le taux d'expansion de la production pour un pays donné. Au fil du temps, même de petites différences dans ce taux peuvent aboutir à des écarts importants du niveau de vie : par exemple, un pays dont la croissance, sur une période de trente ans, atteindrait un taux de 4 % par an serait un tiers de fois plus riche qu'un pays qui partirait du même point mais avec une croissance à 3 % seulement. Pour les pays pauvres, une petite disparité dans la croissance peut déterminer, au final, s'ils auront ou non les ressources suffisantes pour faire vacciner les enfants. En termes simples, les économies se développent lorsque davantage d'intrants (capital, main-d'œuvre, compétences) sont mis au service de la production et lorsque de nouvelles technologies rendent plus productifs ces intrants. Comprendre comment tout cela se produit et pour quelles raisons cela se passe bien dans certains pays et moins bien dans d'autres est un peu le Saint-Graal des économistes.

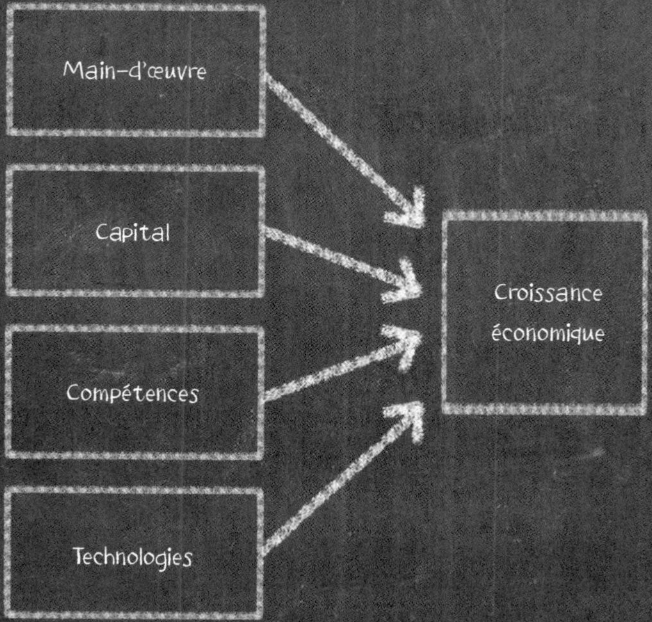
Main-d'œuvre
Capital
Compétences
Technologies
Croissance économique

Le niveau de vie et la productivité

Le niveau de vie augmente lorsque les économies produisent plus. Supposons qu'une nouvelle technologie permette aux travailleurs de produire plus chaque jour : l'économie, alors, génère une plus grande circulation de ressources, les salaires augmentent et le niveau de vie s'améliore. Les avancées de la productivité peuvent être dues au capital et à la main-d'œuvre disponibles dans un pays. Imaginons un pays où il y a peu de main-d'œuvre par rapport au capital : dans ce cas, les salaires sont élevés mais les prix des machines et du combustible sont bas. Cela va inciter les entreprises à installer des machines et lorsque des améliorations auront été apportées à celles-ci, l'économie deviendra plus productive. Certains pensent que c'est précisément ce qui s'est passé pendant la révolution industrielle britannique.

Un autre facteur d'amélioration de la productivité est la taille du marché. Quand les marchés sont développés, les avantages de coût peuvent être récupérés par le truchement de la production en série de biens standardisés. Ce facteur a revêtu une importance capitale dans la première période d'expansion de l'économie américaine. La concurrence, elle aussi, favorise la productivité : lorsque les entreprises sont en concurrence, elles cherchent des méthodes qui leur permettront de produire plus.

La convergence économique

Au milieu des années 1950, l'économiste américain Robert Solow a mis au point une théorie de la croissance économique selon laquelle au fil du temps, les niveaux de vie des pays convergent : les pays pauvres rattraperont leur retard sur les pays riches. L'idée est que le point inférieur d'où partent les pays pauvres est en réalité ce qui leur permet de se développer plus vite. Lorsqu'un pays dispose de peu de capitaux (usines, réseau routier, machines), l'investissement supplémentaire a un fort impact sur la croissance. Quand un pays est riche et a déjà beaucoup de capitaux en réserve, le même investissement supplémentaire se fait beaucoup moins sentir. Au fur et à mesure, par conséquent, plus les pays s'enrichissent, plus ils se développent avec lenteur.

Comme toutes les théories, celle de Solow dépend de suppositions simplificatrices ; l'une d'entre elles, fondamentale, est que tous les pays ont accès aux mêmes technologies. Concrètement, il existe bien des obstacles sociaux, politiques, économiques à l'accès aux technologies de pointe. Certains pays, comme la Corée du Sud et d'autres nations asiatiques, sont parvenus à se mettre au niveau de l'Occident industrialisé, mais pour beaucoup, la convergence reste une vue de l'esprit.

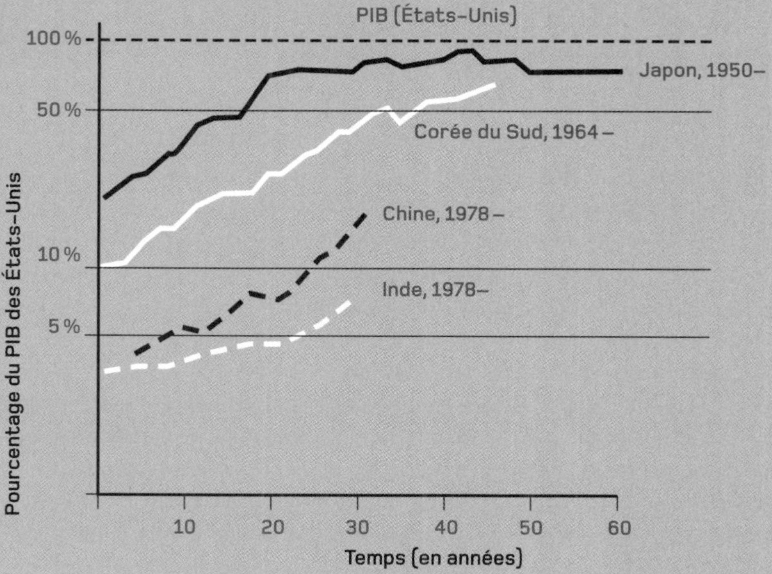

Ce graphique du PIB d'après-guerre par habitant, dans les pays asiatiques, montre comment la croissance est très rapide dans les premières années du développement puis a tendance à s'aplanir, ce qui permet à d'autres pays de rattraper leur retard.

La croissance endogène

Lorsqu'ils ont échafaudé les premières théories de la croissance économique, les économistes d'alors pensaient que les progrès de la technologie, qui favorisent la croissance à long terme, venaient de l'extérieur de la sphère économique : ils disaient que la croissance était « exogène ». Au milieu des années 1980, une nouvelle vague de théories a avancé que la technologie était engendrée par des forces internes de l'économie, donc que cette croissance était « endogène ».

Dans l'ancienne approche, tous les pays ont accès à la même technologie exogène. Parce que l'investissement supplémentaire en capital a moins d'impact lorsqu'un pays possède déjà de la richesse, la croissance ralentit au fur et à mesure que les pays se développent ; il en résulte que les pays plus pauvres ont tendance à rattraper leur retard sur les pays plus riches. La théorie endogène fragilise cette conclusion : ici, la technologie est reconnue comme une innovation influencée par les incitations économiques. Les nouvelles technologies et les savoir-faire produits par une entreprise peuvent stimuler la productivité des autres. Ce phénomène peut compenser l'impact moindre exercé par le capital sur des économies de plus en plus riches. Par conséquent, le ralentissement de la croissance n'est pas une fatalité.

Investir dans des technologies améliorées comme des lignes de montage automatisées permet à la croissance de poursuivre son développement dans les pays riches.

La technologie

Les transformations technologiques sont très importantes dans l'amélioration à long terme du niveau de vie. Les innovations en matière de technologie permettent de produire un plus grand nombre et une plus grande variété de biens; cependant, certains craignent que la technologie soit une cause de chômage dans la mesure où l'automatisation rend obsolète la main-d'œuvre. En fait, lorsque chaque ouvrier produit plus, la technologie peut augmenter la demande de main-d'œuvre. Elle peut même créer des secteurs économiques entièrement nouveaux, ce qui contribue à la création de débouchés.

Des technologies courantes telles que l'utilisation de l'électricité sont révolutionnaires: elles accroissent la productivité de chaque secteur de l'économie. D'autres innovations technologiques (par exemple des fours plus efficaces) augmentent la productivité dans des secteurs spécifiques. L'apparition de technologies d'utilisation générale représente un bond en avant qui transforme radicalement les économies et peut créer de nouveaux schémas de croissance. Ce bond a eu pour origine la vapeur, aux XVIIIe et XIXe siècles, alors qu'aujourd'hui il provient des technologies de l'information et de la communication.

BU9348
021

La croissance démographique

Les inquiétudes modernes sur la capacité de notre globe de subvenir aux besoins d'une population sans cesse croissante remontent aux prévisions du démographe anglais Thomas Malthus qui, au XVIIIe siècle, déclara que la prospérité de l'Angleterre était menacée par l'accroissement de la population. Selon lui, un niveau de vie plus élevé, une fois acquis, ne pourrait jamais durer. Tout d'abord, il entraînerait une baisse du taux de mortalité car les gens seraient mieux nourris. Ensuite, il permettrait aux gens d'avoir plus d'enfants. Il en résulterait une croissance démographique sans frein. Avec une population de plus en plus nombreuse sur une zone habitable à frontières fixes, la production de nourriture n'arriverait pas à suivre et le niveau de vie baisserait, condamnant ainsi les gens au minimum vital, voire pire.

Bien évidemment, la prédiction de Malthus ne s'est pas réalisée ; cela est dû au fait que les progrès technologiques en Angleterre ont permis une production de nourriture plus importante, si bien que le niveau de vie *et* la population ont augmenté. De nos jours, quelques pays très démunis semblent pourtant pris dans un piège malthusien où l'accroissement de la population se traduit par la pauvreté. Cependant, les pays les plus riches sont sortis de ce piège il y a longtemps.

L'industrialisation et la croissance moderne

Lorsqu'ils avancent sur le chemin de la croissance et du développement avancé, les pays, inévitablement, s'industrialisent et s'éloignent des sociétés à dominante rurale, agricole. L'économiste russe Simon Kuznets a bien résumé cet ensemble de changements économiques et sociaux par l'expression « croissance économique moderne ».

Les sociétés qui connaissent ce type de croissance voient leur niveau de vie monter parallèlement à l'augmentation de la population. Une population plus nombreuse, en effet, n'est plus synonyme de bas revenus. L'élément moteur de ce contexte est « la transformation structurelle »: les ouvriers quittent les champs et les entreprises familiales pour se tourner vers les grandes compagnies et les usines implantées dans les villes. La part de la production industrielle dans le revenu national commence à croître ; elle s'accompagne de courants culturels d'ensemble tels que la sécularisation. La Grande-Bretagne est parvenue à une croissance économique moderne par le biais de la révolution industrielle des XVIIIe et XIXe siècles. L'Europe, les États-Unis et d'autres ont vite suivi le mouvement. Cependant, beaucoup de pays doivent encore effectuer cette transition ; or une explication précise de ses facteurs déclenchants se dérobe encore à la sagacité des chercheurs.

La destruction créatrice

Le terme « destruction créatrice » résume l'idée selon laquelle le progrès du capitalisme est bancal ; en d'autres termes, si l'on veut du neuf, il faut détruire l'ancien. L'économiste autrichien Joseph Schumpeter pensait que ce sont les entrepreneurs innovants et aventureux qui donnent sa force au développement économique. Ceux-ci arrivent avec de nouveaux produits et créent des marchés qui leur seront adaptés. Pensons, par exemple, à l'ordinateur portable et au lecteur de CD : ce sont des produits sans précédent que les inventeurs ont fabriqués sans savoir à l'avance s'ils rencontreraient le succès. L'entreprise qui met sur le marché un nouveau produit génère des bénéfices élevés pendant un certain temps (la promesse de ce retour est ce qui pousse à l'innovation), mais, au final, d'autres entreprises commencent à fabriquer des produits similaires. Le marché, alors, atteint un plateau.

Dans ce raisonnement, les récessions sont un mal nécessaire car elles éliminent des entreprises vieillottes, stagnantes, pour faire place à une nouvelle génération d'entrepreneurs. Il ne s'agit pas ici de la conception classique de la « main invisible » du marché (voir page 44) qui répartit au mieux et sans à-coups les ressources.

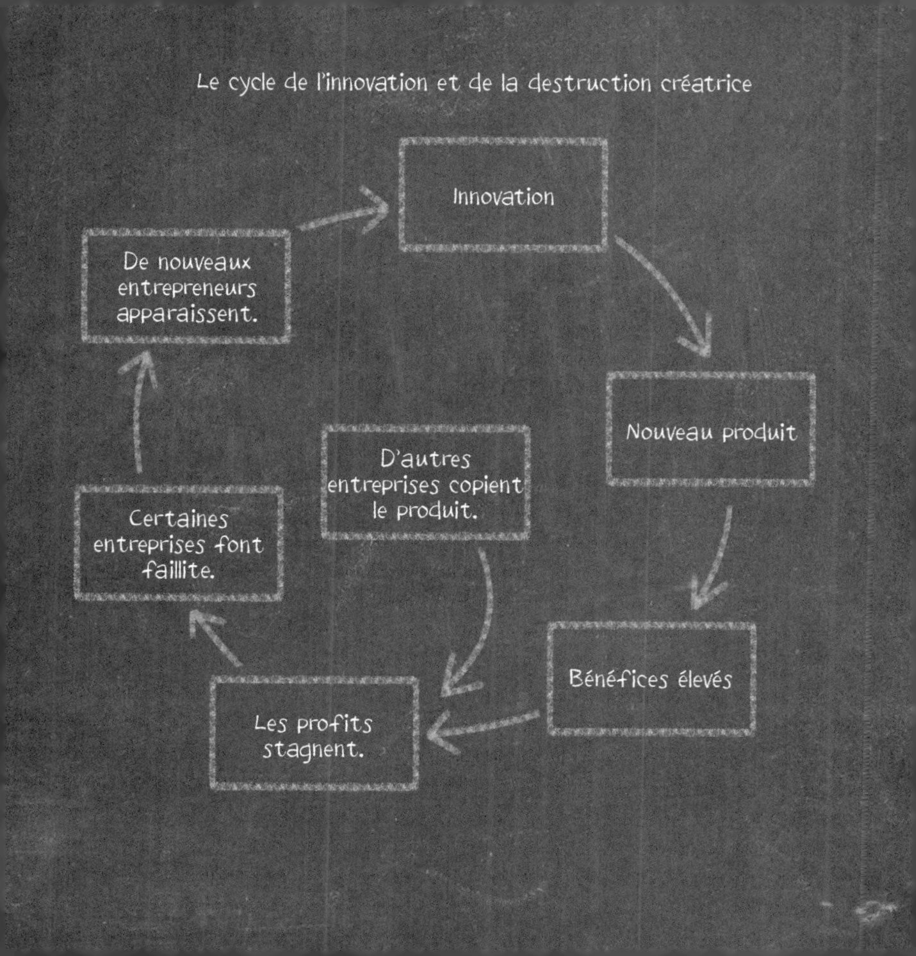
Le cycle de l'innovation et de la destruction créatrice
Innovation
Nouveau produit
Bénéfices élevés
D'autres entreprises copient le produit.
Les profits stagnent.
Certaines entreprises font faillite.
De nouveaux entrepreneurs apparaissent.

L'économie du développement

L'économie du développement consiste à étudier le fonctionnement des économies des pays pauvres et la façon dont ils pourraient s'enrichir. Certains économistes doutent qu'il y ait des différences vraiment fondamentales entre les lois économiques des pays pauvres et celles des pays riches, tandis que d'autres pensent que les difficultés auxquelles font face les pays pauvres leur sont tellement particulières que des théories spéciales sont nécessaires à leur explication. Une des premières idées émises en ce sens était que les économies pauvres avaient besoin d'un « gros coup de pouce ». Par exemple, un nouveau port ne serait utile au commerce que si une route était construite, mais pour que le projet de route en vaille la peine, il faudrait que celle-ci mène au port. Cette circularité ne pourrait être rompue que si l'État coordonnait tout un ensemble d'investissements complémentaires les uns des autres et réalisés de façon simultanée, c'est-à-dire quelque chose que les marchés privés seraient incapables de faire. Cette conception commença à être délaissée au cours des années 1970 : les économistes avancèrent alors que trop d'État et pas assez de marché handicapait les économies en voie de développement. Pendant les années 1980, la Banque mondiale et le Fonds monétaire international introduisirent des réformes en faveur de l'économie de marché. Celles-ci obtinrent également des résultats plus ou moins heureux et, à présent, l'attention se tourne vers le défi que représente l'aide à apporter aux États qui tentent de mieux fonctionner.

Le seuil de pauvreté

Une des façons de mesurer le niveau de pauvreté d'une société est de déterminer un niveau minimal de revenu en dessous duquel une personne est considérée comme pauvre. Un exemple de « seuil de pauvreté » est le fameux « un dollar par jour »; cela dit, comment un seuil de pauvreté devrait-il être fixé ? Les économistes s'intéressent plus au bien-être ou à « l'utilité » qu'à l'argent en tant que tel. Par conséquent, on pourrait tenter de déterminer un seuil qui donne une sorte d'utilité minimale, peut-être en recourant à une mesure subjective du bien-être. Une autre approche est de se servir d'un critère plus objectif, par exemple l'apport minimal de calories.

Une distinction importante doit être faite entre pauvreté relative et pauvreté absolue : il est possible d'établir un seuil absolu à partir d'un critère biologique, mais on peut aussi effectuer une mesure relative sur la base d'un niveau minimal du revenu moyen. Avec un seuil relatif de revenu, il y aura toujours des gens qui vivront dans la pauvreté même s'ils possèdent des téléviseurs et des téléphones portables. La notion de seuil de pauvreté a néanmoins ses inconvénients : les privations de plus en plus grandes chez les personnes très en deçà de ce seuil n'apparaissent pas dans la mesure d'un seuil de pauvreté plus élevé.

Le droit à l'alimentation et les famines

On pense souvent que les famines sont causées par des pénuries de nourriture comme, par exemple, celles qui suivent de mauvaises récoltes. Au début des années 1980, l'économiste indien Amartya Sen développa sa propre théorie du droit à l'alimentation et fit la démonstration que les causes de famine sont en réalité plus complexes que des pénuries. Dans cette théorie, le « droit » désigne un ensemble de biens et de services auquel les foyers ont accès en les produisant, en les achetant ou en les recevant de l'État. Même dans des pays pauvres, les gens ne produisent pas leur propre nourriture car ils perçoivent des salaires qui leur servent à acheter cette nourriture; le poids des salaires et le prix de la nourriture déterminent en grande partie leur droit à l'alimentation. Des famines peuvent survenir lorsque ce droit se retrouve en dessous de la quantité minimale de nourriture indispensable à la survie. Cela peut être dû à une chute des revenus ou à une hausse des prix plutôt qu'à des réductions concrètes dans la production locale de nourriture. C'est ce qui est arrivé lors d'une famine au Bengale dans les années 1940: les salaires se retrouvèrent à la traîne de l'inflation des prix alimentaires. La tendance des prix s'avéra alors plus importante que les changements dans l'approvisionnement global en nourriture.

L'allègement de la dette

Au cours des dernières décennies du XXe siècle, beaucoup de pays pauvres ont accumulé des dettes énormes. Ces dettes deviennent problématiques lorsque la croissance ne suffit pas à générer les ressources nécessaires à leur acquittement ; pendant les années 1990, de nombreuses nations, dont la dette considérable s'accompagnait de mauvaises performances économiques, furent incapables d'effectuer leurs remboursements avec intérêts. L'allègement de la dette fut une opération à grande échelle et un rééchelonnement afin de répondre aux crises économiques de ces pays. Beaucoup d'économistes ont jugé que les pays occidentaux et les organisations internationales qui avaient accordé les prêts en question devraient annuler ceux-ci. Les dettes étaient si lourdes que leur remboursement intégral obligerait à réduire de façon drastique des investissements indispensables à la croissance. Réduire l'endettement aiderait ces pays à se développer. Un autre argument en faveur de cet allègement était que beaucoup de ces obligations de dettes furent initialement décidées par d'anciens régimes illégitimes ou corrompus ; par exemple, l'Afrique du Sud d'après l'apartheid devrait-elle payer les dettes du gouvernement d'alors ? Cependant, l'allègement de la dette fait aussi l'objet de critiques : certains estiment en effet qu'il récompense l'incompétence politique et la corruption.

L'objectif de l'allègement de la dette est que les pays pauvres dépensent de l'argent pour des écoles et non pour le paiement d'intérêts.

La théorie de la dépendance

La plupart des économistes pensent que les échanges commerciaux entre pays sont des situations gagnant-gagnant. La théorie de la dépendance, qui a vu le jour après la Seconde Guerre mondiale, représenta une approche radicalement différente. Son idée centrale était que le commerce entre pays développés et pays en voie de développement est par nature inégalitaire et fondé sur l'exploitation d'autrui. Les pays riches achètent aux pays pauvres des matières premières afin d'alimenter la production de biens qui feront ensuite l'objet de transactions avec d'autres pays développés. L'investissement dans les pays pauvres par les pays riches tend à exploiter plutôt qu'à développer l'économie locale, selon les tenants de cette théorie. Une idée connexe est que les « termes de l'échange » (c'est-à-dire les importations qu'un pays peut acheter grâce à ses exportations) jouent souvent en défaveur des pays pauvres lorsque les prix des matières premières chutent par rapport à ceux des produits manufacturés. Les théoriciens de la dépendance disent qu'il en résulte un « noyau » de pays développés toujours plus riches, autour desquels gravite une « périphérie » de pays marginalisés dont le retard ne cesse de croître. La montée en puissance des « dragons asiatiques » (voir page 400) a peut-être mis fin à ce problème de dépendance. Pour le moins, ils ont déjà lancé des avertissements significatifs en ce sens.

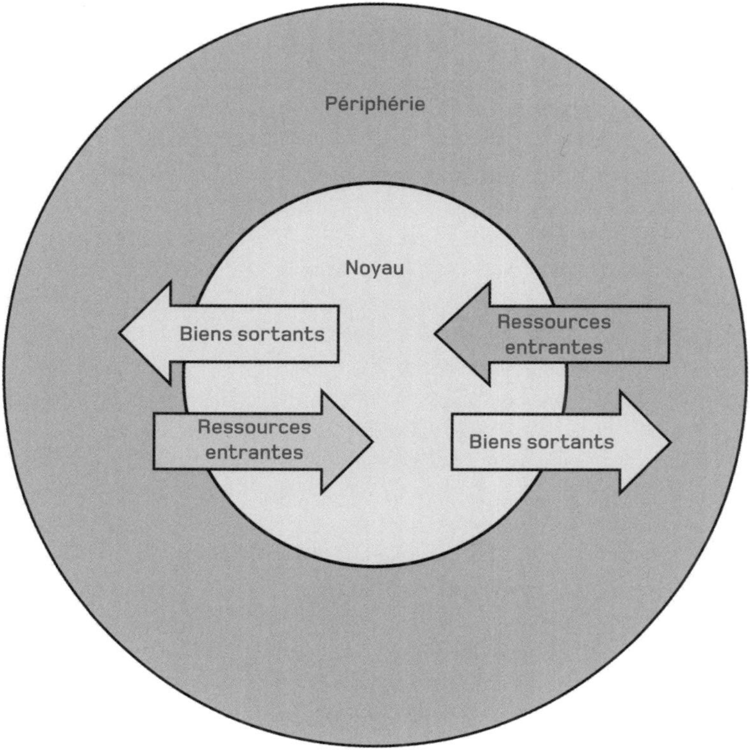
Périphérie
Noyau
Biens sortants
Ressources entrantes
Ressources entrantes
Biens sortants

Les inégalités de revenu et la croissance

Les rapports entre la croissance et les inégalités de revenu ne cessent de captiver les économistes et d'alimenter les conversations. Une opinion généralement émise est que le développement économique implique une hausse des inégalités : lorsque des industries font leur apparition dans des pays à dominante rurale, les inégalités augmentent en premier parce que les nouveaux secteurs offrent des salaires plus élevés tout en ne constituant qu'une fraction de l'économie. D'autres affirment que dans la seconde moitié du XXe siècle, la croissance économique a contribué à la réduction de la pauvreté et des inégalités.

On peut également considérer cette question en examinant comment le niveau d'inégalité en tant que tel affecte les performances économiques. Certains économistes avancent l'idée que l'inégalité étouffe la croissance. L'inégalité de revenu signifie que la réserve de capital est aux mains d'une élite. Le gros de la population, qui ne possède pas de capital, veut un taux d'imposition élevé pour celui-ci afin de financer des services publics. Parce qu'ils constituent la majorité électorale, les États finissent par mettre en place cet impôt, mais parce que la croissance dépend de l'accumulation de capital, cette mesure, en fait, la ralentit.

Ce graphique compare la répartition typiquement inégalitaire du revenu sur l'ensemble d'une population, avec la courbe de répartition qui serait obtenue si tout le monde avait le même salaire.

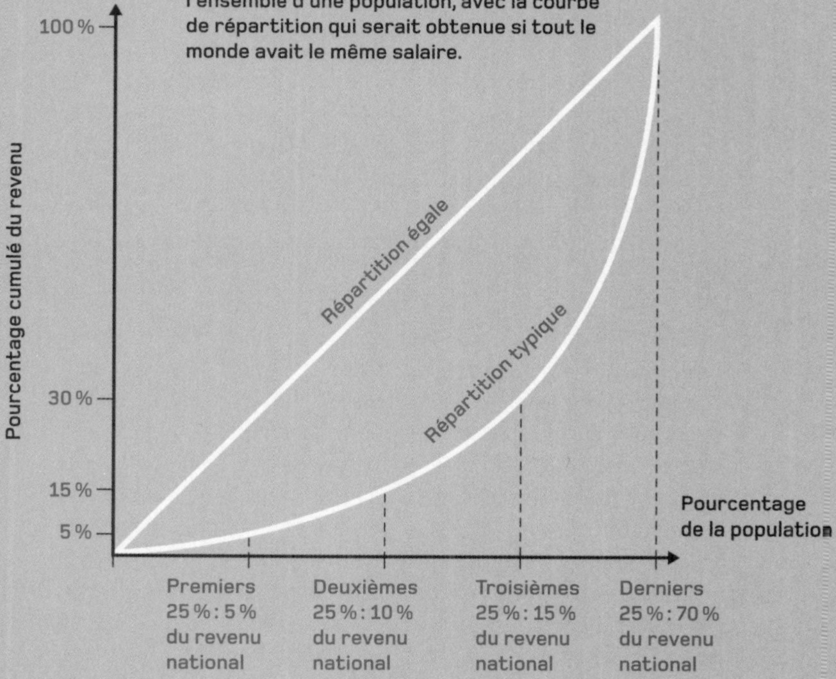

Le capital humain

Le capital est constitué de biens tels que les machines, les usines, autant d'investissements qui permettent la production future d'autres biens mais aussi de services. Les sciences économiques ont étendu cette idée du capital physique aux êtres humains. Le capital humain désigne la capacité de production des individus, c'est-à-dire les compétences et les savoir-faire qui leur permettent de conduire des tracteurs, de dessiner des plans de gratte-ciel et d'établir des bilans comptables.

Tout comme une entreprise accumule son capital physique par l'installation de nouvelles machines, les gens investissent dans leur capital humain par l'enseignement et la formation. Une entreprise achète une nouvelle machine si elle en tire des bénéfices; de manière similaire, les salariés investissent dans l'enseignement si un salaire plus élevé en est la récompense. Ils perçoivent un salaire égal à la quantité supplémentaire de production qu'ils ont créée. Parce qu'en conséquence un capital humain accru les rend plus productifs, les employeurs seront disposés à les payer davantage. La disparité des salaires entre les ouvriers qualifiés et les ouvriers non qualifiés porte le nom de « prime à la compétence ». Le capital humain est nécessaire au développement économique; à l'inverse, sa carence peut sérieusement gêner cette croissance.

Les dragons asiatiques

Un des développements les plus spectaculaires de l'histoire économique du XXe siècle fut la métamorphose des prétendus dragons asiatiques (Hong Kong, la Corée du Sud, Singapour et Taïwan) qui, après avoir été des économies marginales, se sont mués en pays développés, économiquement avancés, disposant d'un niveau de vie qui n'a rien à envier à ceux d'Europe et des États-Unis. Certains avancent que leur succès s'explique par la non-ingérence de l'État et l'ouverture aux marchés libres. D'autres estiment que ces pays avaient des « États développementistes », c'est-à-dire des États qui se sont écartés des recommandations orthodoxes dans le but de ne fournir que des biens publics de base sans se mêler de ce que faisaient les marchés. La deuxième explication souligne la nature autoritaire, interventionniste de ces États qui, bien qu'ayant adopté les marchés, les ont également façonnés, par exemple en orientant la production vers certains secteurs industriels spécifiques. Quelle que soit la vérité, il est en tout cas certain que ces pays disposaient d'organisations économiques à nulle autre pareilles. Plus récemment, l'économie de la Chine a également décollé. Cette économie a également conçu son propre mélange d'intervention de l'État et de stimulations du marché.

L'économie informelle

Comme l'herbe qui pousse entre les pavés, la vie économique jaillit des fissures que représente le secteur officiel des entreprises et des bureaucraties étatiques. Les colporteurs qui vendent leur camelote sur des éventaires de fortune, les cireurs de chaussures et même les profiteurs du marché noir constituent ce qu'on appelle aujourd'hui « l'économie informelle ». De telles économies ont fait leur apparition dans beaucoup d'endroits; elles sont toujours actives dans un grand nombre de sociétés.

Depuis peu, les secteurs informels des pays en voie de développement suscitent l'intérêt. Dans ces pays, l'économie informelle constitue une fraction importante de l'activité économique. Parce qu'elle n'est pas intégrée à l'architecture formelle de la réglementation juridique et fiscale, il est difficile de l'évaluer. Les populations urbaines de bien des pays émergents ont fortement augmenté car les migrants ruraux viennent chercher du travail en ville, mais beaucoup d'entre eux finissent dans le secteur informel. Une politique de développement a pour objectif d'aider les gens localisés dans cette zone de l'activité économique, par exemple en leur octroyant des prêts qu'ils ne se verraient jamais accorder de la part des banques.

Les ressources épuisables

Les ressources épuisables se caractérisent par des réserves en quantité limitée, comme le charbon et le pétrole; une utilisation continue mènera à leur épuisement. D'un point de vue économique, les ressources épuisables ressemblent un peu aux immobilisations financières: une théorie avance que le profit (c'est-à-dire le prix moins le coût) d'une telle ressource devrait monter à un niveau égal à celui du taux d'intérêt. Par exemple, si le profit dégagé par l'exploitation pétrolière devait monter moins vite que cela, les propriétaires de gisements de pétrole pomperaient toutes leurs réserves afin de les vendre, pour ensuite déposer dans une banque les recettes et percevoir un intérêt. Cela réduirait le prix d'aujourd'hui si bien qu'à l'avenir, et compte tenu des prix à ce moment-là, les bénéfices augmenteraient à nouveau selon le taux d'intérêt. Par conséquent, le prix d'une ressource épuisable devrait augmenter de manière graduelle au fur et à mesure qu'on l'exploite. Au lieu de cela, les prix des ressources naturelles ont souvent montré qu'à long terme, ils finissaient par chuter.

En règle générale, on ne peut pas déterminer le moment où une ressource est sur le point d'être épuisée. Par ailleurs, les innovations technologiques, grâce auxquelles l'extraction ou l'utilisation de la ressource sont plus efficaces, peuvent reporter ce point dans un futur encore plus éloigné. La véritable inconnue, cela dit, est peut-être de savoir si de tels ajournements rencontreront un jour un point d'arrêt définitif.

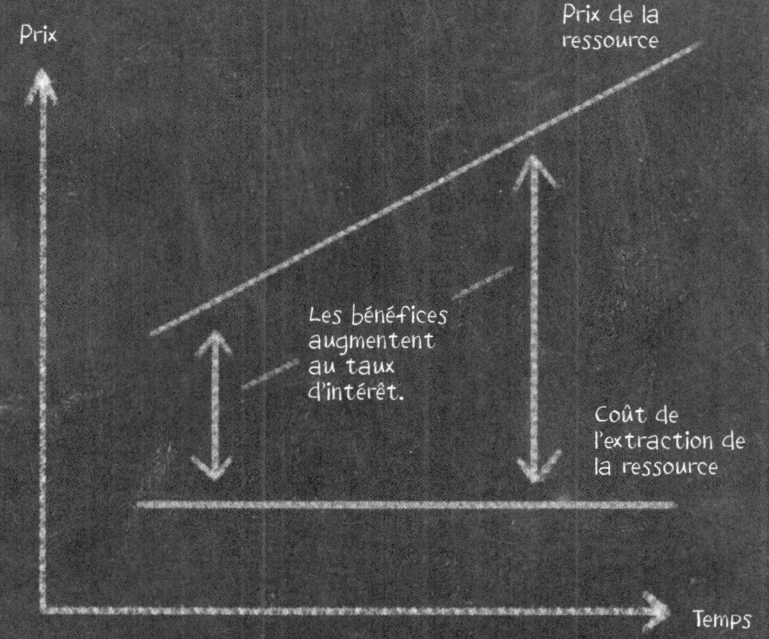
Prix
Prix de la ressource
Les bénéfices augmentent au taux d'intérêt.
Coût de l'extraction de la ressource
Temps

L'environnement et l'action collective

Avec le changement climatique, le monde fait face à un gigantesque problème d'action collective. Imaginons une entreprise en Espagne qui produirait des gaz à effet de serre. Elle pourrait limiter ces émissions de gaz si elle réduisait ses bénéfices mais, comme d'autres entreprises, elle ne tiendra pas compte de l'impact de ces gaz sur d'autres entreprises, qu'elles soient espagnoles, françaises ou allemandes. Un autre aspect de ce problème d'action collective est que la protection de l'environnement représente ce que les économistes appellent un « bien public » (voir page 58); cela pose la question de savoir pourquoi on devrait participer aux frais de protection quand il est possible de resquiller sur le dos des autres. En ce qui concerne le changement climatique, le problème est épineux car les coûts les plus élevés se paieront à l'avenir, pas à l'heure actuelle. Une solution serait d'instaurer des quotas de pollution, bien qu'il soit difficile d'appliquer cette mesure. Une autre serait la levée d'un impôt sur la pollution. Des échanges de quotas d'émissions de carbone tentent de créer un marché de la pollution en contraignant les entreprises à faire face aux coûts intégraux de la pollution qu'elles engendrent. Par ailleurs, cela permet aux entreprises qui peuvent facilement réduire leurs émissions de réaliser les baisses d'impôt les plus importantes.

Glossaire

Action
Titre de propriété partielle au sein d'une entreprise. Les actions des entreprises publiques s'échangent sur les places boursières et confèrent à leurs détenteurs un droit de regard dans la gestion d'une entreprise ainsi qu'un revenu prélevé sur ses bénéfices.

Balance des paiements
Registre des transactions entre les résidents d'un même pays et ceux d'autres pays, comprenant les importations et les exportations de biens et de services ainsi que les flux de capitaux tels que les investissements et les prêts.

Bénéfices
Revenu excédentaire par rapport aux coûts, et le but de toute entreprise cherchant à maximiser ses profits.

Capital
Biens tels que machines et usines et qui sont utilisés pour produire des biens de consommation comme, par exemple, la soupe en sachet et les chaussures.

Capital humain
Capacité de l'être humain à produire du point de vue économique. Le capital humain peut être augmenté par la formation et l'enseignement.

Concurrence
Situation dans laquelle des entreprises sont en lutte avec beaucoup d'autres entreprises pour attirer des acheteurs, avec pour résultat une baisse des prix et des profits.

Consommation
Dépense effectuée pour l'achat de biens qui satisfont directement les désirs des individus. Dépenser une somme d'argent dans un

restaurant est une forme de consommation, tandis que l'achat d'un four par le restaurant n'en est pas une.

Coût
Somme d'argent qu'une entreprise doit dépenser afin d'atteindre un certain niveau de productivité. Les coûts englobent les dépenses faites pour les matières premières et la main-d'œuvre.

Coût d'opportunité
Coût d'une option considérée comme la meilleure alternative possible. Par exemple, le coût d'opportunité d'un investissement dans du matériel médical dernier cri, pour un hôpital, pourrait être des ordinateurs destinés à une école si cela était l'option retenue.

Coût marginal
Coût supplémentaire que doit payer une entreprise à la suite d'une petite hausse de production.

Déflation
Contraire de l'inflation, la déflation est une situation dans laquelle le niveau général des prix d'une économie connaît une chute.

Demande
Quantité d'un bien ou d'un service que les acheteurs sont prêts à acquérir à un certain prix. Généralement, la demande augmente quand le prix baisse, mais il y a des exceptions à ce schéma.

Dette
Argent dû par un emprunteur à un prêteur. Les dettes peuvent être contractées par des individus, des entreprises et des États.

Division du travail
Séparation d'un processus de production en différentes étapes, dont chacune est effectuée par des ouvriers spécialisés. La division du travail est un élément important des méthodes de production modernes.

Épargne
Revenu qui n'est pas dépensé pour l'achat de biens ou de services mais mis de côté en

prévision d'une dépense future.

Impôt direct
Impôt levé directement sur une personne, comme l'impôt sur le revenu (qui est payé directement au Trésor public).

Impôt indirect
Impôt prélevé sur des biens achetés, contrairement à l'impôt direct sur le revenu.

Inflation
Augmentation du niveau général des prix, c'est-à-dire augmentation des prix de nombreux biens et services.

Investissement
Dépense effectuée sur des biens d'équipement, par exemple des machines qui, à leur tour, sont utilisées pour fabriquer d'autres biens tels que ceux achetés, au final, par les consommateurs. Les entreprises investissent afin de s'étendre et de renouveler leur réserve de capital.

Monopole
Entreprise qui est l'unique fournisseur d'un bien ou d'un service. Les monopoleurs peuvent imposer des prix élevés car ils n'ont pas de concurrents.

Obligation
Valeur mobilière émise par une entreprise ou l'État dans le but de se procurer de l'argent. L'acheteur de l'obligation prête de l'argent à l'émetteur en échange d'un remboursement avec intérêt.

Offre
Quantité de biens ou de services que les entreprises sont disposées à fournir pour un prix donné. En général, l'offre augmente quand les prix augmentent.

Oligopole
Marché dominé par une poignée de grandes entreprises dont les décisions peuvent par conséquent influer les unes sur les autres par-delà les lois ordinaires du marché.

Politique budgétaire
Mise en application de niveaux d'imposition et de dépenses décidés

par l'État dans le but d'exercer une influence sur le niveau de la demande dans le circuit économique et sur la répartition des revenus.

Politique monétaire
Actions entreprises par un État ou des banques centrales pour influer sur la quantité de monnaie au sein de l'économie.

Productivité
Rendement par lequel on transforme en biens des matières premières. La productivité est élevée lorsqu'il est possible de produire plus à partir de moins.

Produit intérieur brut (PIB)
Valeur totale des biens et des services produits dans un pays sur une année. Cette valeur sert à mesurer le revenu national.

Récession
Période qui voit un déclin de la production économique et coïncide généralement avec une hausse du chômage et une chute des prix.

Revenu
Quantité d'argent que gagne une entreprise par la vente d'une partie de ses biens.

Revenu marginal
Revenu supplémentaire que gagne une entreprise après une petite hausse de ses ventes.

Tarifs douaniers
Taxes imposées sur les importations. Cet impôt augmente les recettes de l'État et réduit la demande en biens manufacturés à l'étranger.

Taux de change
Prix d'une monnaie, par exemple l'euro, par rapport à une autre, par exemple le dollar américain.

Troc
Échange direct de biens (par exemple, un poisson ou une tomate) sans recours à l'argent. Le troc est moins efficient que l'échange avec de l'argent car il faut pour cela que les deux parties aient accès à des biens échangeables.

Index

Titre original : Economics in Minutes

Traduit de l'anglais par Stéphane Normand

ISBN : 978-2-84933-315-0

www.editions-tredaniel.com
info@guytredaniel.fr

Illustrations de Tim Brown

Imprimé en Chine

Crédits photographiques 2: Shutterstock/Everett Collection; 4–5: Shutterstock/SeanPavonePhoto; 9: © Ewing Galloway/ClassicStock/Corbis; 11: © Issei Kato/Reuters/Corbis; 17: Shutterstock/ml; 21: Shutterstock/Africa Studio; 31: © Franco Cogoli/SOPA RF/SOPA/Corbis; 33: Shutterstock/Africa Studio; 39: Shutterstock/Aigars Reinholds; 43: Shutterstock/connel; 55: Shutterstock/evronphoto; 59: Shutterstock/Sorbis; 63: Shutterstock/zentilia; 65: Shutterstock/Sashkin; 67: Shutterstock/Sakonboon Sansri; 69: Shutterstock/Oleksiy Mark; 73: Shutterstock/Uka; 77: Shutterstock/hxdbzxy; 79: Shutterstock/VladisChern; 81: Shutterstock/Ints Vikmanis; 87: Shutterstock/AMC Photography; 91: Shutterstock/2j architecture; 93: Shutterstock/Imagewell; 103: RIA Novosti archive, image #978776/Alexey Kudenko/CC-BY-SA 3.0; 109–10: Shutterstock/SeanPavonePhoto; 113: Shutterstock/Jim Pruitt; 117: Shutterstock/Everett Collection; 123: Shutterstock/gillmar; 131: Shutterstock/sixninepixels; 133: Shutterstock/PHB.cz (Richard Semik); 137: Shutterstock/Fer Gregory; 143: Shutterstock/Pavel L Photo and Video; 147: Mary Evans/Everett Collection; 155: Shutterstock/pollix; 159: by Ester Inbar, available from http://commons.wikimedia.org/wiki/User:ST; 161: Shutterstock/Southdown Studios; 163: Shutterstock/Kodda; 171: carlourossi via wikimedia; 175: Shutterstock/Arcady; 177: Shutterstock/Somchai Som; 181: Shutterstock/Luciano Mortula; 189: Shutterstock/Zurijeta; 191: Shutterstock/Radu Bercan; 193: Shutterstock/Paulo M. F. Pires; 199: Shutterstock/Everett Collection; 203: Shutterstock/Petrafler; 213: © Philimon Bulawayo/Reuters/Corbis; 217: Shutterstock/Yelena Panyukova; 223: Shutterstock/Dragana Gerasimoski; 235: © Kevin LaMarque/Reuters/Corbis; 241: © Hulton-Deutsch Collection/Corbis; 243: Shutterstock/Stephen Griffith; 245: Shutterstock/fritz16; 247: Shutterstock/PanicAttack; 249: Shutterstock/Petronilo G. Dangoy Jr.; 257: The Friedman Foundation for Educational Choice; 267: © Bettmann/CORBIS; 269: Shutterstock/r.nagy; 283: Shutterstock/David Fowler; 287: Topical Press Agency; 289: Shutterstock/Anna Tsekhmister; 293: Shutterstock/Leroy Harvey; 296: Shutterstock/Yuri Samsonov; 297: Shutterstock/shutter; 299: Shutterstock/jvd-wolf; 301: Shutterstock/Nick Pavlakis; 311: Shutterstock/E.G.Pors; 315: Shutterstock/Darrin Henry; 323: Shutterstock/CarpathianPrince; 325: Dorothea Lange U.S. Department of Agriculture; 327: Shutterstock/Vladimir Koletic; 331: Shutterstock/Lisa S.; 333: Bundesarchiv, Bild 102-12023/Georg Pahl/CC-BY-SA; 343: Shutterstock/archideaphoto; 345: Shutterstock/1000 Words; 353: Hulton Archive; 355: Shutterstock/godrick; 357: U.S. National Archives and Records Administration; 359: © UPP/TopFoto; 361: Shutterstock/Karkas; 363: Shutterstock/Tracing Tea; 369: © David Turnley/Corbis; 373: Shutterstock/BartlomiejMagierowski; 377: Shutterstock/Small Town Studio; 379: Shutterstock/Ragma Images; 381: Shutterstock/Vladimir Wrangel; 383: Shutterstock/Stokkete; 387: Shutterstock/joyfull; 389: Shutterstock/paul prescott; 393: Shutterstock/Pecold; 399: Shutterstock/Anneka; 401: Leeyan Kym N. Fontano; 403: Shutterstock/project1photography; 407: Shutterstock/Yvonne Pijnenburg-Schonewille.